LES ITINÉRAIRES BECQUET
...DENT LE TOURISTE PAR LA MAIN

Excursion de douze jours

HAUTE-SAVOIE
CHAMONIX
LAC des QUATRE-CANTONS

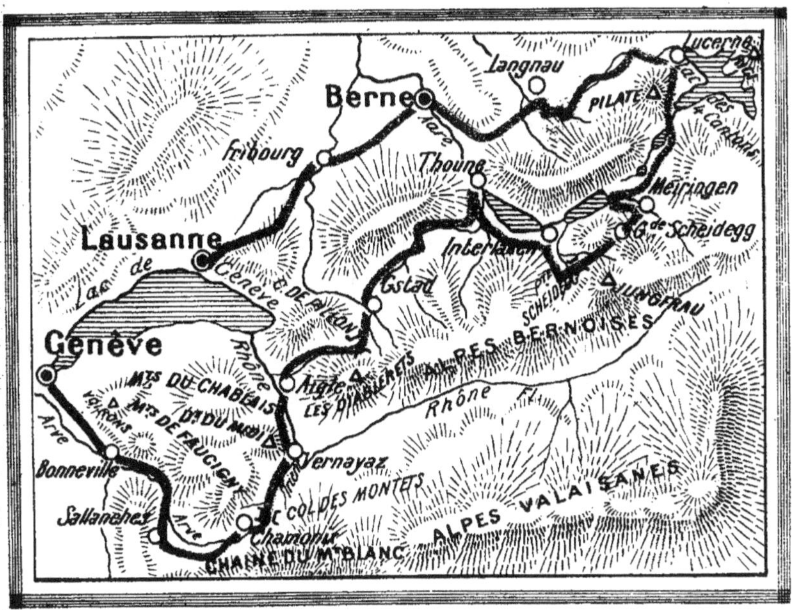

Etienne CHIRON, Editeur
40, Rue de Seine - PARIS

PLUS DE BÆDEKER

Avant la guerre, le Bædeker était dans les mains de tous les touristes. Qu'après la guerre, un Français feuillette encore ce livre lourd, indigeste, cela ne paraît plus possible : ne vaut-il pas la peine de tenter que cela ne soit pas ?

Si, grâce à vous, amis lecteurs, l'auteur de ce petit livre peut publier les quinze opuscules dont il a les matériaux, peut-être le Bædeker ne guidera-t-il plus à travers l'Europe que des Allemands.

DU MÊME AUTEUR :

Tome A II (*paraîtra en juin si le tome A I a quelque succès*). — LAC DE GENÈVE. — BERNE. — LE GRIMSEL. — LA FURCA. — ANDERMATT. — GORGES DE LA REUSS. — LAC DES QUATRE-CANTONS. — LUCERNE. — GENÈVE.

En préparation :

Tome A III. — CHAMONIX. — ZERMATT ET LE GOERNERGRAT. — LAC MAJEUR. — VALLÉE D'AOSTE. — PETIT SAINT-BERNARD. — TARENTAISE.

Tome A IV. — L'ENGADINE.

Tome A V. — VERS LES DOLOMITES.

Tome A VI. — LES DOLOMITES.

etc.. etc...

Si le tome A III ne paraît pas cette année, c'est que la mauvaise volonté de quelques fonctionnaires m'a empêché de mettre au point en août 1918 des notes prises avant la guerre.

(V. Couverture, p. 3.)

AVIS
AUX
LECTEURS
de cette 1re édition

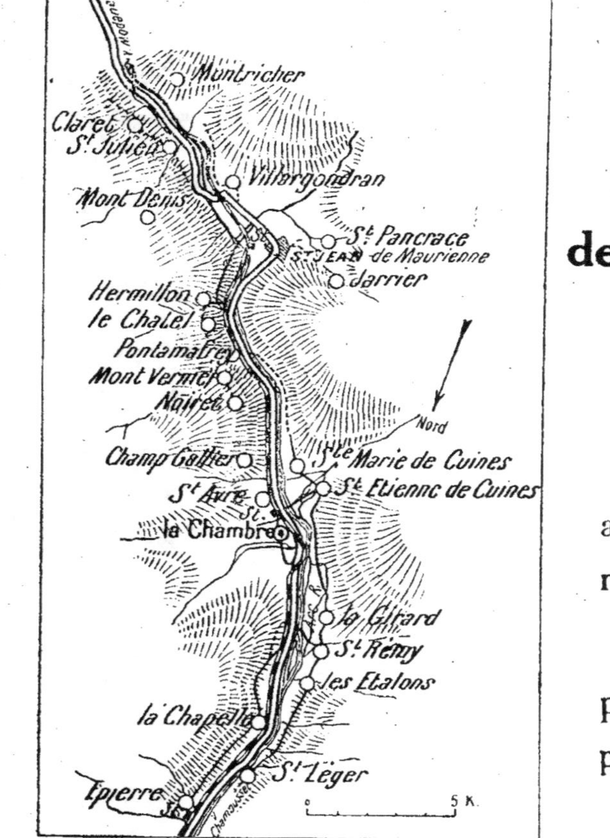

Spécimen d'une des Cartes de la 2e édition.

Spécimen d'une des Cartes
de la 2e édition.

La présente édition, reprise par l'éditeur actuel alors qu'elle était déjà imprimée, sera entièrement remaniée lors de l'édition nouvelle.

En particulier, de nombreuses cartes accompagneront le texte, pour guider le touriste pas à pas.

Carte Itinéraire

de l'excursion

Bellegarde, Sallanches, Chamonix,
Le Trient, Diablerets,
Interlaken, P.te et G.de Scheidegg,
Meiringen, Lucerne, Berne, Genève.

———————

o Montagne.

A. Aiguille.

. Ville, Village, ou Hameau,

+ Belvédère.

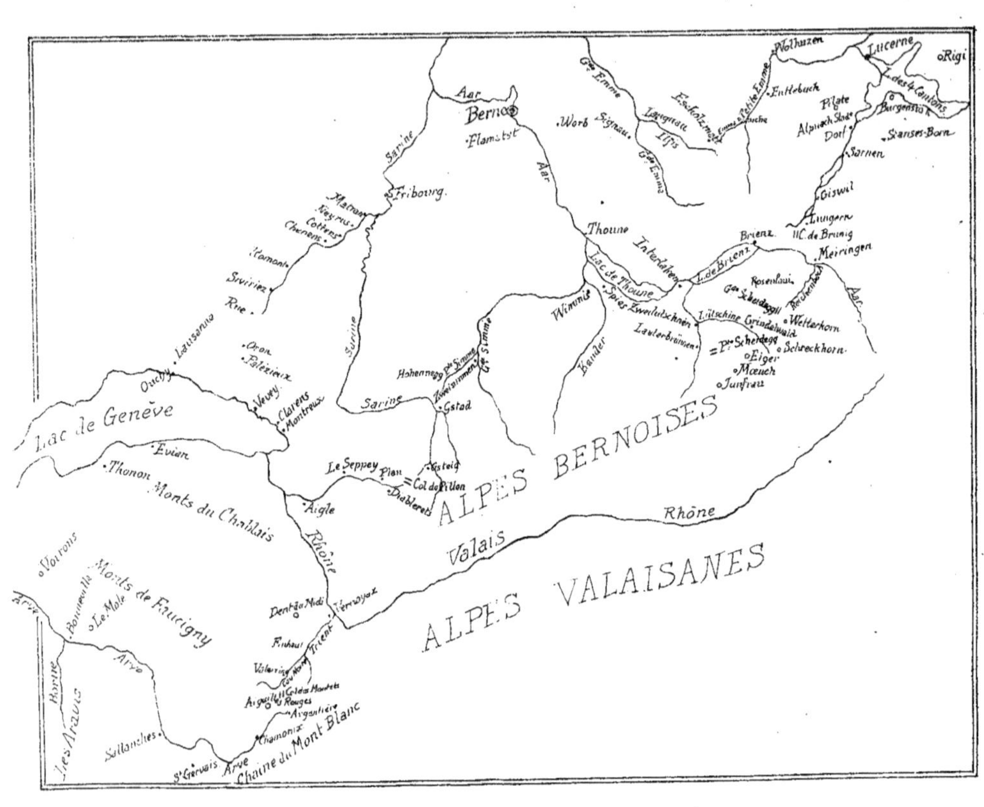

Lucerne
oRigi
Wolhusen
L. des 4 Cantons
Entlebuch
Pilate
Burgenstk
Escholzmatt
Gr. Emme
Alpnach Stad
Dorf
Signau
Langnau
Petite Emme
Stanses-Born
Worb
Ilfis
Gr. Emme
Sarnen
Aar
Giswil
Berne
Flamatt
Lungern
IIC. de Brunig
Fribourg
Aar
Brienz
Thoune
Interlaken
Meiringen
Matran
Neyrus
Cottens
Chenens
Lac de Thoune
L. de Brienz
Rosenlaui
Romont
Wimmis
Spiez Zweilutschnen
Gr. Scheidegg
Wetterhorn
Siviriez
Sarine
Lutschine Grindelwald
Reichenbach
Aar
Rue
Lausanne
Simme
Bander
Lauterbrunnen
Pte Scheidegg
Schreckhorn
Oron
Palezieux
Eiger
Moench
Oudy
Sarine
Jungfrau
Lac de Genève
Vevey
Clarens
Hohenegg Gd Simme
ALPES BERNOISES
Montreux
Zweisimmen
Evian
Sarine
Gstad
Thonon
Monts du Chablais
Le Seppey
Plan
Gsteig
Voirons
Aigle
Col de Pillon
Diablerets
Valais
Rhône
Monts de Faucigny
Rhône
Arve
Pommerille
Le Mole
Dent du Midi
Vernayaz
ALPES VALAISANES
Bonne
Arve
Finhaut
Trient
Vallorcine
Berne
Les Aravis
Argentière
Sallanches
Chamonix
St Gervais
Arve
Chaine du Mont Blanc
Aiguilles
Col des Mautets
Rouges

AVANT-PROPOS

Ce petit livre n'a aucune prétention, ni littéraire, ni scientifique. Il veut seulement guider ceux qui, ne pouvant consacrer que quelques jours à une excursion, désirent pourtant visiter les contrées les plus-belles de la France, de la Suisse et de l'Italie. Et comment, à une époque où les voyages sont si faciles, si agréables et si peu coûteux, ne pas rêver d'aller contempler quelqu'une des neuf ou dix merveilles de l'Europe : de la descente du Petit Saint-Bernard, les gorges de l'Isère entre les Alpes Grées et la Vanoise ; de Sallanches ou du col de la Gueula, la chaîne du Mont-Blanc ; du Gœrnergrat, le Rosa, le Grand Cervin, les montagnes qui s'en détachent et un immense amphithéâtre de glaciers ; de Saint-Beatenberg ou du Lauberhorn, les Alpes Bernoises ; du Signal de la Furca, les Alpes Valaisanes et les Alpes Bernoises ; de la descente du col de Julier, du Schafberg ou des Muottas Muraigl, la Haute-Engadine et le massif du Bernina ; du col de Stelvio, l'Ortler et les gorges du Trafoï ; de la montée du Pordoï, de la descente du Falzarego ou du Mont-Piano, les merveilleuses Dolomites.

Sans doute on peut prendre conseil de certains livres imprimés en Allemagne. Mais, pour tirer parti de ces livres indigestes, d'une consultation pénible et difficile, il faut quelque expérience ; puis, comme ils n'indiquent point d'itinéraire, il est nécessaire, avant de les ouvrir, de s'être tracé un plan d'excursion ; or c'est ce plan d'excursion qu'il importe avant tout de fournir au touriste inexpérimenté qui, hésitant, tâtonne, et irait au hasard s'il n'était guidé. Enfin, ces volumineux ouvrages ne s'adressent guère qu'à ceux qui voyagent en bateau ou par la voie ferrée ; les touristes à pied ou à bicyclette y trouvent rarement des renseignements satisfaisants.

Aux uns comme aux autres, ce livre servira de guide. Il ne
se contentera pas de leur donner un itinéraire très détaillé et
de leur décrire les contrées qu'il leur conseille de visiter.
Comme il est des sites si beaux qu'il faut s'arrêter longuement
pour les admirer ; comme il en est d'autres auprès desquels,
faute de savoir, on passe sans même les voir, il les prendra
par la main ; il les conduira aux endroits d'où la vue est la plus
belle ; il leur dira : « Arrêtez-vous ici. — Regardez en arrière.
— C'est là qu'il faut aller pour mieux voir. »

Dans la haute montagne, on ne rencontre guère de bicyclistes, et pourtant elle est accessible aussi bien à bicyclette
qu'à pied, à condition que la bicyclette ait plusieurs multiplications. Un développement de 2 m. 50 permet aux cyclistes,
même de force médiocre, même âgés, de s'élever jusqu'aux cols
les plus hauts et les plus ardus. Si peu de cyclistes se risquent
dans la haute montagne, c'est que ceux qui l'ont abordée l'ont
fait sur une bicyclette à trop grandes multiplications. Une
fatigue excessive les a rebutés. Rien de plus dur, en effet, que
de franchir sur une bicyclette dont le plus petit développement
est de 4 m. ou même de 3 m. 50, le col du Lautaret, celui du Petit
Saint-Bernard, la Furca, l'Oberalp, le Stelvio, le Pordoï ou le
Falzarego. La faute en est presque toujours aux marchands
qui, trop souvent médiocres mécaniciens et ne sachant réparer
que la bicyclette courante, déconseillent la bicyclette à plusieurs
multiplications, dans leur inexpérience d'un mécanisme un
peu compliqué et un peu délicat. Et, comme la montagne n'est
guère accessible qu'à cette dernière, la plupart des cyclistes
renoncent à la montagne. Pourtant il n'est pas de plus agréable
façon d'excursionner que de le faire à bicyclette. La vitesse
des trains et les tunnels, où trop souvent ils disparaissent,
empêchent de saisir ou même d'entrevoir les spectacles les
plus beaux. Voyager à pied est, sans doute, fort agréable ;
mais c'est un peu long pour qui est pressé et parfois monotone.
Quoique le Valais Suisse, par exemple, et la vallée de l'Arve

offrent quelques beaux coups d'œil, comme il faut sept jours pour se rendre d'Oberwald au lac Léman, trois jours pour aller des Houches à Genève, il n'est pas très intéressant de les parcourir à pied. Une étape suffit au bicycliste qui, descendant du col de la Furca ou de Chamonix, suit le Rhône ou l'Arve : il a tout loisir d'admirer ce que leurs vallées offrent de beau et qui est tout à fait digne d'être vu, sans avoir le temps d'être gagné par l'ennui de leur monotonie.

Quelques Conseils. — Aux touristes qui voyagent à l'étranger, l'auteur de cet opuscule recommande (1), avant de retenir une chambre ou avant de se mettre à table, de débattre les prix, de bien spécifier, par exemple, si l'on prend une portion pour deux personnes ou pour une, et même de garder le souvenir précis des prix marqués sur la carte des mets ; sinon il est à craindre que l'hôtelier, ou même la servante, à son profit, ne surfasse la note à payer. S'il est à l'étranger de très honnêtes hôteliers, il en est qui, à la manière allemande, traitent de haut et militairement le touriste, et aussi le taillent et l'exploitent à merci (2).

Dans les hôtels étrangers, il vaut mieux manger à la carte et à la portion qu'à prix fixe : en général, une portion est très suffisante pour deux personnes. La restauration et le restaurant sont réservés aux touristes qui prennent leurs repas à la carte

---

(1) Si, dans ce petit ouvrage, aucun hôtel n'est ni indiqué, ni recommandé, c'est pour plusieurs raisons. D'abord, en Suisse, quel que soit l'endroit où l'on s'arrête, on est assuré de trouver des hôtels confortables ; puis, en recommandant un hôtel, on risque d'induire le touriste en erreur ; n'arrive-t-il pas, en effet, qu'une cuisine qui vous avait paru bonne aujourd'hui soit le lendemain médiocre ? Ensuite, une recommandation est trop souvent une réclame payée, à moins que, comme dans le Bædeker, les hôtels recommandés ne soient presque toujours, chose remarquable, tenus par des boches ou des proboches ; enfin, il n'est pas de bureau de renseignements qui ne tienne à la disposition des touristes les listes des hôtels.

(2) Deux exemples. — En 1916, plainte a été adressée au parquet de Berne par des touristes français contre l'hôtelier de la Wengernalp. Cet hôtelier a deux cartes, celle où l'on choisit les mets et celle

et à la portion ; ils y sont plus libres ; ils mangent des mets de leur choix ; ils boivent de la bière et du vin tirés au tonneau, tout aussi bons et à bien meilleur compte que le vin et la bière en bouteille. La salle à manger, où se dresse la table d'hôte et où la servante pousse le touriste inexpérimenté, est plus luxueuse ; mais on n'y sert que du vin et de la bière en bouteille, et il faut se contenter des plats, parfois médiocrement cuisinés, d'un menu assez cher.

Comme presque tous les hôtels en Suisse, même ceux de deuxième ordre, ont cette propreté si nette et si brillante qui a fait dans ce pays la fortune de l'industrie hôtelière, le touriste dont la bourse est légère peut, sans craindre de manquer de confort, descendre dans les hôtels modestes ; et s'il prend ses repas au restaurant ou à la restauration, les dépenses de l'excursion qu'il fera seront peu élevées, beaucoup moins élevées qu'on imagine.

Un mince, un très mince bagage suffit, car il est toujours facile, pourvu qu'on reste vingt quatre heures dans un hôtel, de faire laver son linge ; au reste, ce bagage n'est jamais un encombrement, ni pour le cycliste, ni pour le touriste à pied : le train, le bateau ou la diligence le leur apporte à l'étape qu'ils ont fixée, tout comme s'ils prenaient eux-mêmes cette diligence, ce bateau ou ce train. Aussi n'est-il pas nécessaire, sauf quand on fait l'ascension d'une montagne, de se charger, comme les Allemands, de ce sac de touriste qui tient chaud et qui

---

d'après laquelle on paie. La note se règle dans un bureau, près des communs, à l'extrémité de l'hôtel. Pour réduire toute protestation, au premier coup de sifflet paraît un valet solidement charpenté. En cette circonstance, notre hôtelier, aussi proboche que beaucoup de Suisses allemands en 1916, se répandit en invectives contre les Français qui, affamés en France, viennent en Suisse pour vivre à meilleur compte, contre ces « pauvres diables » (sic) assez audacieux pour ne pas vouloir se laisser voler.

Dans un hôtel de Saint-Anton (Vorarlberg), la servante surfait de deux couronnes, à son profit, une note de dix-huit couronnes présentée à deux touristes qui, de chaque plat commandé, n'ont pris qu'une portion pour deux, note que déjà l'aubergiste avait doublée en feignant d'avoir compris qu'il s'agissait de deux portions.

est, à la longue, pesant aux épaules : il n'est utile d'avoir sur le dos, en bandoulière, que la lorgnette *indispensable*.

Nous conseillons enfin aux touristes de ne pas aller trop vite, de ne pas brûler les étapes. Si l'on veut éprouver des émotions, amasser des impressions et des souvenirs, il est nécessaire de voyager lentement. Puis, pour apprécier la beauté des choses, il faut éviter toute grosse fatigue. La fatigue rend les membres pesants et la tête lourde, enlève toute faculté d'émotion et brise tout élan d'enthousiasme. Si, en deux ou même en trois étapes, on va à pied de Chamonix à Montenvers, de Montenvers aux Tines par la Mer de Glace, et qu'on s'élève des Tines à la Flégère, puis à Plan-Praz et enfin au Brévent pour redescendre à Chamonix, on risque d'être très fatigué. Les jours suivants, ni le glacier d'Argentière, ni les gorges du Trient n'éveilleront une sensibilité émoussée, et on renoncera peut-être à faire l'ascension du col de la Gueula.

Aussi avons-nous fait en sorte que les étapes de l'excursion que nous proposons aux touristes soient courtes et, partant, peu fatigantes.

ITINÉRAIRE

Bellegarde, Sallanches, Chamonix, Les gorges du Trient, Lac de Thoune, Interlaken, La Petite et la Grande Scheidegg, Meiringen, Lucerne, Berne, Genève.

Une douzaine de jours suffiront, au départ de Genève ou de Bellegarde, pour parcourir **la vallée de Chamonix et les gorges du Trient, pour aller de Vernayaz à Aigle, d'Aigle à Interlaken, en suivant les vallées de la Grande Eau, de la Sarine et de la Simme, d'Interlaken à Meiringen par la Petite et par la Grande Scheidegg, de Meiringen au lac des Quatre Cantons et à Lucerne par le col de Brünig et pour revenir à Genève par Berne et Lausanne.**

Les touristes qui ne peuvent consacrer à cette excursion qu'une douzaine de jours, après avoir déjeuné à Genève, arriveront à Sallanches avant le soir pour contempler la chaîne du Mont-Blanc au soleil couchant; ils s'en tiendront à l'itinéraire suivant et à celui *que leur tracent les passages à gros caractères.*

1ʳᵉ ÉTAPE. — Sallanches.

2ᵐᵉ ÉTAPE. — Les Praz par Chamonix : excursion de La Flégère.

3ᵐᵉ ÉTAPE. — Finshauts par Argentière, le col des Montets, Le Chatelard.

4me Étape. — Excursion du col de la Gueula.

5me Étape. — Les Diablerets par Vernayaz (Visite des gorges du Trient) Aigle, Le Seppey.

6me Étape. — Interlaken par Gstad, Zweisimmen, Spies et lac de Thoune.

7me Étape. — Grindelwald par Lauterbrunnen, la Petite Scheidegg.

8me Étape. — Meiringen par la Grande Scheidegg et les chutes du Reichenbach.

9me Étape. — Lucerne par le col de Brunig et le lac des Quatre Cantons.

10me Étape. — Berne.

11me Étape. — Genève par Fribourg, Chexbres, Lausanne.

Pour ceux que le temps ne presse pas, il est intéressant de descendre à Bellegarde, d'y admirer les gorges de la Valserine et la perte du Rhône, de remonter à bicyclette la vallée du Rhône et celle de l'Arve, et, avant d'arriver à Sallanches, de faire l'ascension du Grand Salève.

Excursion secondaire. (*V. Carte n° 1.*)

Bellegarde est au confluent du Rhône et de la Valserine. On franchit le pont de la Douane qui enjambe le ravin profond au fond duquel, entre deux murs d'ardoise, coule la Valserine ; à droite un chemin mène à un large bassin, bordé de monts dénudés, où par deux chutes, le Rhône semble rassembler ses eaux avec un bruit assourdissant, avant de se précipiter dans une gorge appelée « Perte du Rhône », resserrée entre des rochers que le torrent a rongés et profondément évidés. Il est facile de descendre sur une terrasse rocheuse, polie par le fleuve qui la recouvre aux grandes eaux, et d'où la vue plonge dans cette gorge, où le Rhône se rue en bondissant et en écumant. Un sentier suit la « Perte du Rhône » et passe sous le pont de Lucey, jeté très haut par dessus le torrent, à sa sortie du défilé — Si l'on veut visiter les gorges de la Valserine, il faut remonter vers la gare, passer sous le viaduc de la voie ferrée et prendre la route de Nantua : à deux kilomètres de Bellegarde, non loin du pont de Montange, un sentier mène au fond de ces gorges creusées par le torrent entre des rochers ardoisés, et où les eaux de la Valserine, bues par des fissures, se perdent dans un lit souterrain.

De Bellegarde à Etrembières (42 kil.). — Au sortir de Bellegarde, la route de Genève, que l'on suit d'abord, monte assez durement. Derrière soi, la gorge du Rhône, et, tout au fond, les toits rouges de Bellegarde.

On s'élève très haut au-dessus du Rhône qui creuse un lit étroit entre les pentes très vertes des dernières ramifications du Jura et des Alpes. En face se dresse un massif sombre : le Vuache (1.108 m.) ; les chaines confuses et tourmentées des monts de Savoie se profilent très en arrière, à droite. Bientôt on aperçoit très haut, sur le flanc à pic du Grand Credo, le fort Supérieur de l'Ecluse, et, au pied de l'énorme muraille qui le porte, le fort Inférieur. Ces forts dominent le défilé de l'Ecluse, étranglé entre le Credo et le Mont Vuache que nous avons maintenant à notre droite, monts également nus, ou pelés et semés çà et là de maigres arbres, si semblables d'aspect qu'ils paraissent faire partie de la même chaine, bien que séparés par le Rhône, ils appartiennent, l'un aux Alpes, l'autre au Jura. — La route descend doucement vers le fort Inférieur qu'elle traverse (9 kil.), puis par une très large courbe, elle s'abaisse jusqu'au Rhône qu'elle franchit (12 kil.). Elle s'élève ensuite vers le pied de monts verdoyants, dernières ramifications des Alpes de Savoie, au-dessus d'une large et verte vallée que ferme, vers le Nord, la longue chaine du Jura. Elle passe à Vulbens, à Valleiry (19 kil.). Après Viry (24 kil.), de la route qui change de direction, nous avons une fort belle vue sur le Vuache, sur le Credo, sur le défilé de l'Ecluse creusé profondément entre ces deux monts, sur la ligne sombre du Jura, où nous distinguons le Reculet, le col de la Faucille, la Dôle, et plus près, sur des coteaux verdoyants qui nous séparent de la vallée du Rhône que nous devinons en contre-bas. Elle descend à pente légère à Saint-Julien (29 kil.), puis s'élève doucement jusqu'au pied du Grand Salève. Longeant la frontière suisse, elle passe à Collonges (34 kil.), à Bossey et à Veyrier (39 kil.) (De Veyrier un dur sentier et un chemin de fer électrique grimpent à Monnetier entre les deux Salève : à Monnetier passe la voie électrique qui, partant d'Etrembières, au pied du petit Salève, monte aux Treize Arbres sur le grand Salève). Après Veyrier, la route et la voie ferrée courent un moment entre l'Arve et les parois à pic du petit Salève, et atteignent Etrembières (42 kil.).

A Etrembières, point d'hôtel confortable ; il faut pousser, à 2 kil. de là, jusqu'à Annemasse (1), en suivant la voie du tramway, ou aller coucher à Mornex.

---

(1) On peut aller passer la nuit à Annemasse : le lendemain matin, on prendra le train d'Annemasse à Etrembières, tête de ligne de la voie électrique du Grand-Salève.

D'Étrembières au Grand Salève (4 heures de marche environ. On peut atteindre Mornex et Monnetier à bicyclette). — En débouchant sur la route de La Roche, on aperçoit le Môle et, tout au fond de la vallée, le Mont Blanc. Après le passage à niveau de la voie ferrée, on quitte cette route pour prendre à droite un chemin qui s'élève durement sur le flanc du Petit Salève. Du Bas-Mornex que l'on traverse, la vue s'étend sur l'immense plateau de la Haute Savoie jusqu'aux sommets, en forme de remparts et de tours, de la chaîne des Aravis, sur la vallée de l'Arve, bossuée par les derniers contreforts des Alpes de Savoie et, à gauche, au delà de l'Arve, sur les monts de Faucigny, sur le Môle et sur les Voirons. — On gagne en une heure le Haut Mornex (680 m.), aux nombreux hôtels fort anciens, mais très propres, enfouis dans la verdure qui cache l'horizon, moins étendu, au reste, que du Bas Mornex. La route atteint ensuite péniblement Monnetier (3/4 d'heures), heureusement situé dans une gorge entre le Petit (898 m.) et le Grand Salève (1.304 m.), et d'où le regard embrasse à la fois Genève, le lac Léman au Nord, et la vallée de l'Arve au Sud (2).

Un bon sentier, mais exposé presque toute la journée au soleil contre lequel on n'est abrité que par l'ombre de quelques arbres trop rares, conduit en deux heures au sommet du Grand Salève. Il s'élève en lacets, dominant Monnetier et un pittoresque château, hôtel aujourd'hui, dressé au bord même d'une terrasse au-dessus de Veyrier. Après l'hôtel du Mont Blanc, un poteau indique le sentier qui mène à l'hôtel des Treize Arbres (1.142 m.) et à une table d'orientation près du sommet (Crêt de la Grange Tournier, 1.304 m.). De là, un immense horizon. A près de 1.000 mètres à nos pieds, Genève, le lac Léman à perte de vue avec la mollesse de ses rives et l'âpreté de ses montagnes, le Rhône dont les eaux, au sortir du lac, resserrées entre des quais et des maisons, semblent se perdre dans Genève, et l'Arve qui contourne la ville avant de se jeter dans le Rhône; vers l'Est, Annemasse au pied des Voirons, Bonneville au pied du Môle; entre le Môle et les Voirons, les monts tourmentés de Faucigny; vers le Sud-Est, la trouée du Foron que dominent en arrière les bastions ravinés, les murailles crénelées des Aravis; et tout au loin, dominant montagnes et vallées, les Alpes du Chablais, la Dent du Midi, les monts hérissés qui bordent le Trient et l'Arve, et la région splendide des Glaciers : le massif du Mont Blanc dont les dômes, les tours, les aiguilles surgissent étincelants dans l'azur. On a devant soi une des plus vastes étendues de pays qu'on puisse rêver de voir : le plateau entre le Salève et les Aravis, la vallée de l'Arve, les glaciers; à droite le Mont Blanc, à gauche le Buet; le Chablais avec le Léman; le lac posé à plat, aux eaux si bleues, aux rives si riantes, au pied de ces

---

(2) Laisser bicyclette soit à Mornex, soit à Monnetier.

rudes montagnes, avec des bateaux à vapeur, pas aussi grands que des fourmis ; la plaine suisse jusqu'au lointain Jura. — Il faut passer la nuit au sommet du Grand Salève pour contempler le Mont Blanc au coucher du soleil, merveilleux quand le temps est beau. De l'hôtel des Treize Arbres, on gagne en quelques minutes la station et un coquet buffet rsstaurant.

De la station de Monnetier-Mornex à Sallanches (56 kil.). — En descendant du Salève, on débouche sur la route de La Roche, près de la gare de Monnetier-Mornex. Il est plus intéressant. même si l'on part d'Annemasse, pour aller a Bonneville, à Cluses et à Sallanches, de passer par Etrembières et par la route de La Roche. La route directe. d'Annemasse à Bonneville, est en effet monotone, sauf au moment où, à 2 kil. d'Annemasse. elle traverse la Menoge dans une gorge sauvage. Celle de La Roche, après la station de Monnetier-Mornex, s'élève au dessus de l'Arve, qui roule à nos pieds ses eaux grises ; à gauche, nous apercevons par dessus des coteaux très verts, couverts de vignes, ou semés de champs de blé. de bouquets d'arbres et de hameaux, le massif sombre des Voirons. Bientôt la route tourne le dos à la vallée de l'Arve : à notre droite se dressent, au delà de verts coteaux, le Petit et le Grand Salève. Au sortir du long village de Reignier (9 kil.), la vue s'étend, en face, sur les monts tourmentés de Savoie ; à gauche, sur les monts de Faucigny, sur le Môle et sur la vallée profonde de l'Arve, dont les eaux miroitent au pied du Môle. Mais c'est surtout après Chevrier (14 kil), que le spectacle est grandiose : à nos pieds, entre le Môle (1.869 m.). à gauche, le mont de Cou et les pointes d'Andey (1.879 m.), à droite, se creuse la vallée de l'Arve ; très en arrière, des glaciers, de hautes montagnes, que dominent le Tanneverge, le Grenairon et le Buet. barrent l'horizon. Quelques-unes des maisons de L⁰ Roche-sur-Foron (580 m., 18 kil.) sont bâties sur le rebord d'un plateau, au pied duquel, dans un ravin profondément encaissé, coule le Foron. Non loin de l'église se dresse sur un rocher à pic, au dessus de la gorge du Foron, une vieille tour, reste d'un château du XImᵉ siècle, d'où la vue s'étend sur la vallée et sur Cluses, sur les Monts de Savoie et sur les hautes montagnes qui ferment l'horizon ; un château, de construction plus moderne, s'élève près de cette tour et dans la même enceinte,

La route de Bonneville franchit le Foron et descend à pente assez douce. A droite, deux chaînes des monts de Savoie, terminées la première, par le mont de Cou, la deuxième, par les pointes d'Andey, entre lesquelles se creuse la gorge sombre de la Borne, s'avancent en éperon sur la vallée de l'Arve. La route traverse la Borne et plus loin débouche sur les bords de l'Arve près de la colonne de pierre qui porte la statue du roi Charles, laissant à gauche, de l'autre côté du torrent, Bonneville (450 m., 25 kil.).

Puis s'écartant de l'Arve elle longe, monotone, le pied des
des monts. Bientôt on aperçoit la verte trouée que creuse le
Giffre entre la montagne isolée du Môle et un contrefort boisé
du mont Orchez, puis, en arrière du mont Orchez, la pointe de
Marcilly et à droite, la dépression du col de Châtillon, par où
passe la route de Cluses à Taninges. On arrive à Cluses
(alt. 485 m., 39 kil., école d'horlogerie), que domine la pointe du
Chévran. En face, surgissent de belles montagnes dont les
murailles presque verticales ferment la vallée ; elles se dressent
si hautes et si droites qu'il semble que la route s'arrête et que la
seule issue soit en arrrière. Cependant au travers de ces
montagnes, l'Arve a creusé une gorge, un defilé, et Cluses est au
débouché de ce défilé : de là son nom (1).

Excursion principale. (*V. Carte n° 2.*)

Cette gorge est d'abord étroite, étranglée entre des monts
qui, à gauche, le plus souvent nus, sans plantes ni mousse,
tombent à pic en murailles jaunes ou grises, et qui, à droite,
sont couvertes de prairies, ou escaladées, parfois jusqu'au
sommet, par des forêts de sapins. Tout au fond se montrent
de belles montagnes : les aiguilles de Varens et la pointe de
Colloney. La gorge s'élargit ensuite, surtout après Magland
(46 kil.). Alors apparaît, nue au-dessus de vertes montagnes,
la pointe d'Arreu (2.468 m.). Vers OEx (49 kil.), brusquement,
à droite, surgit la pointe Percée (2.752), derrière un mont
moins élevé, le Doran ; puis on découvre une montagne
moins élancée, plus massive, celle des Quatre Têtes ; la pointe
Percée se dresse un peu en arrière entre cette montagne et le
mont Doran ; à gauche, s'élèvent, très hautes, des murailles
rocheuses, grises et nues, aux arêtes singulièrement découpées ;
plus loin, la cascade d'Arpenaz jaillit d'un rocher surplom-
bant ; plus loin encore se montrent les aiguilles de Varens
(2.638 m.) nues, grises, comme calcinées par le soleil, et plus
à gauche la pointe de Platé (2.553 m.).

---

(1) Il est intéressant pour qui, d'Annemasse ou d'Etrembières, a pris
la voie ferrée, de descendre du train, sinon à Cluses qui est à 17 kilomètres de Sallanches, du moins à OEx, et d'aller à pied d'OEx à Sallanches (6 kil.).

Au sortir de la gorge, on traverse l'Arve. L'œil ébloui contemple les glaciers de la chaîne du mont Blanc, depuis l'aiguille des Glaciers jusqu'au mont Blanc ; au fur et à mesure qu'on avance vers Sallanches, se découvrent, vers la gauche, les neiges du mont Maudit, puis celles du mont Blanc du Tacul, et enfin les Aiguilles. A cause du recul et aussi parce que la vue est plus étendue, de Sallanches, bien plus que de Chamonix, la chaîne du mont Blanc produit un effet merveilleux, surtout quand ses dômes, d'une blancheur éblouissante, et ses pics nus se colorent aux derniers rayons du soleil couchant. C'est de la route, au sortir de Sallanches, que la vue, s'étendant le plus loin, est la plus belle : de l'aiguille Verte à l'aiguille des Glaciers, la plus grande partie de la chaîne du mont Blanc enferme l'horizon. C'est d'abord, à droite, l'aiguille des Glaciers qui domine le glacier des Glaciers, puis l'aiguille de Trélatête (3.932 m.), ou petit mont Blanc, qui se dresse au-dessus de glacier de Trélatête ; plus loin, le glacier de la Frasse, sali d'éboulis ; puis, en allant de droite à gauche, une trouée où se creuse le glacier de Miage, que domine en arrière l'aiguille Grise (3.263 m.) ; ensuite le glacier de Bionnasset, entre l'aiguille de Bionnasset et l'énorme arête rocheuse que forme l'aiguille du Goûter (3.873 m.). Derrière l'aiguille du Goûter se dessine un peu confusément le renflement neigeux du Dôme du Goûter (4.381 m), et plus en arrière et les dominant tous, le mont Blanc (4.810 m.) qui se dresse à près de 4.300 m. au-dessus de Sallanches, et qui, de Sallanches, bien mieux que de tout autre endroit peut-être, paraît dans toute sa majesté et dans toute sa beauté ; toujours plus à gauche, le mont Maudit (4.340 m.), le mont Blanc du Tacul (4.240 m.), puis les Aiguilles, jusqu'à l'aiguille de Charmoz. Au-dessus du Fayet, au pied de roches nues, de glaciers et de montagnes neigeuses, deux monts : le Prarion (1.909 m.), à droite, la Tête Noire (1.761 m.), à gauche, s'élèvent, couverts, contraste heureux, de bouquets d'arbres et de prairies jusqu'à leurs sommets.

Si le temps est beau, arrivez à Sallanches (546 m., 55 kil.) avant la chute du jour, pour admirer la chaîne du mont Blanc au soleil couchant. La nuit, jetez un regard vers le fond de la vallée : vous verrez briller les lumières de Saint-Gervais-les-Bains, suspendu au flanc de la montagne.

De Sallanches (546 m.) **à Chamonix** (1.041 m.), 27 kil. — On va de Sallanches au Fayet par Domancy. Le Fayet (1) (567 m., 8 kil.) est au carrefour des routes de Chamonix et de Saint-Gervais-les-Bains. Situé au pied même des monts, il n'a de vue que sur la vallée : aussi est-il étrange que tant de touristes s'y arrêtent et si peu à Sallanches. En traversant Le Fayet, quand on a franchi le Bon-Nant, torrent qui descend de Saint-Gervais, on voit à droite la station de la voie électrique du Mont Blanc, le parc et l'établissement de bains du Fayet Saint-Gervais.

De la route qui, après Le Fayet, s'élève assez durement, taillée dans le flanc même de la montagne, la vue est fort belle, à nos pieds, sur l'Arve, sur Chède et sa puissante usine électro-chimique, plus loin sur Le Fayet et sur la vallée que domine à droite la pointe de Platé et que ferment, vers le Nord, les aiguilles de Varens, la pointe d'Arreu et la pointe Percée. La route, ensuite, s'enfonce (6 à 7 %) dans une gorge boisée, dans l'échancrure de laquelle apparaît l'aiguille du Midi (comme, dès 9 heures, cette gorge est exposée au soleil, on fera bien de partir de Sallanches d'assez bon matin). Elle ne rejoint l'Arve qu'après être passée à l'hôtel du Chatelard (14 kil.) et avoir traversé un tunnel ; elle débouche dans un vallon étroit, au fond duquel, de l'autre côté de l'Arve, s'élève Servoz et que dominent la pointe Platé et les pointes de Colloney. A gauche, un chemin qui traverse l'Arve, mène à Servoz et aux gorges de la Diosaz. La vallée se rétrécit encore ; on s'élève plus doucement le long de l'Arve dans une gorge qu'étranglent de colossales parois de montagnes. De droite à

(1) Le Fayet Saint-Gervais était le point terminus du chemin de fer ; mais une *voie électrique* unit aujourd'hui Le Fayet et Vernayaz (Valais suisse), en suivant la vallée de Chamonix et les gorges du Trient.

gauche apparaissent l'aiguille neigeuse et le glacier de Bionnasset, l'arête rocheuse de l'aiguille du Goûter, le Dôme du
Goûter, puis le mont Maudit et le mont Blanc du Tacul. On
arrive bientôt à l'hôtel des Montées (820 m.), à 3 kil. environ
de la gare des Houches. De cet hôtel, un chemin sous bois
mène aux gorges de la Diosaz. — On franchit sur le pont Sainte-
Marie, près du viaduc de la voie ferrée, le torrent qui bouil-
lonne et bondit au pied de murailles de roches grises et on
s'élève assez péniblement jusqu'à la gare des Houches.
L'aiguille de Bionnasset s'efface à droite, mais à gauche, peu
à peu, l'horizon s'élargit et on découvre le glacier de la Gria,
celui du Bourgeat, qui descendent tous deux de l'aiguille du
Goûter, le glacier de Taconnay et celui des Bossons que dominent les grandioses montagnes de la chaîne, puis les Aiguilles.
Après la station (12 kil.), à droite, un chemin pénible conduit
au village des Houches.

Excursion secondaire. (*V. Carte n° 3.*)

Si des Houches, le Dôme du Goûter, le mont Blanc, le mont
Maudit, trop rapprochés, paraissent écrasés, c'est de là peut-être
qu'on a la plus belle vue des Aiguilles : Midi (3.843 m.), Plan
(3.673 m.), Blaitière (3 533 m.), Charmoz (3.442 m.). Ces montagnes ont des crêtes nues, bizarrement découpées ; leurs
formes étranges, leurs fines dentelures qui évoquent le souvenir
des Alpes dolomitiques, leur coloris où le gris et le rouille tranchent sur le blanc éclatant des neiges dont elles sont comme
saupoudrées, les font paraître d'ici plus belles que le mont Blanc
lui-même. La vue s'étend même sur l'aiguille Verte, sur l'aiguille du Chardonnet, sur celle d'Argentière et, tout au fond,
sur l'aiguille du Tour ; et on distingue les trouées que creusent,
entre ces aiguilles, la mer de Glace, le glacier d'Argentière
et le glacier du Tour. Vers le Nord, une très belle montagne,
la pointe de Platé, ferme l'horizon, au fond de la gorge boisée
qu'a creusée l'Arve.

Excursion principale. (*V. Carte N° 3.*)

Avant d'arriver aux Bossons (16 kil.), on franchit la décharge
du glacier de Taconnay : à droite, le mont Maudit, le mont
Blanc du Tacul et le glacier des Bossons. Puis on traverse

l'Arve sur le pont de Perralotaz. La route longe à droite le lac des Gaillands et un bois, où souffle presque constamment le vent léger de la vallée et où, même en plein midi, il est délicieux de s'asseoir dans les fauteuils en osier, propriété des hôtels qui se dressent de l'autre côté de la route, au pied même de la montagne (1). Bientôt, on aperçoit Chamonix ; à gauche se dresse la falaise du Brévent ; à droite les Aiguilles, et au delà de la trouée de la Mer de Glace, le Dru et l'aiguille Verte, couverte de neige ; en arrière, un peu à gauche du Dôme, se montre le mont Blanc qui, écrasé, paraît moins haut que le Dôme lui-même.

Chamonix (1041 m., 27 kil.) s'élève au pied du Brévent, presque toute entière sur la rive droite de l'Arve. Située dans une admirable vallée, au pied de montagnes qui sont parmi les plus belles et les plus hautes de l'Europe, près du mont Blanc, Chamonix est un centre de très belles excursions et d'ascensions célèbres.

Excursions faciles et fort agréables conseillées aux touristes qui séjournent dans la vallée de Chamonix, qui vaut d'être longuement visitée (des trains électriques très fréquents qui parcourent la vallée facilitent ces excursions).

Excursions dans la vallée : 1° *Les Tines par Les Bois*. — De Chamonix, à gauche de la rue de la Gare, en face l'hôtel Carlton, prendre une route qui longe un bois de sapins, passer sous la voie ferrée, gagner à l'ombre des sapins le village des Bois, le traverser et, à travers prairies et bosquets, atteindre Les Tines. Des Tines, le passage à niveau franchi, gagner le Paradis, puis le hameau des Praz (v. p. 22) ; ce hameau traversé, avant le pont sur l'Arve, tourner à gauche, prendre un sentier sous bois le long du torrent et regagner Chamonix (9 kil., aller et retour). On peut faire des Bossons la même excursion : au sortir des Bossons, prendre un chemin qui traverse la voie ferrée, passe

---

(1) Il est plus agréable de s'arrêter dans les hôtels simples, mais très propres, qui s'élèvent au bord de la route dans les hameaux de la vallée, qu'à Chamonix même. Au reste, ces hameaux sont desservis par des trains électriques très fréquents qui, partant du Fayet, vont, en parcourant la vallée de l'Arve et les gorges du Trient, jusqu'à Vernayaz, dans le Valais suisse.

au hameau des Pélerins, devant la station de la voie aérienne
(inachevée) de l'Aiguille du Midi, au hameau des Barats, et
tourne à gauche de l'hôtel des Allobroges pour entrer dans
Chamonix. Si l'excursion des Bossons aux Tines (aller et retour
15 kil. environ) paraît trop longue, prendre au retour le train des
Praz aux Bossons.

2° *Gorges de la Diosaz.* — Train de Chamonix aux Houches.
Descendre à la station des Houches. Suivre la route qui passe
sous le viaduc de Sainte-Marie et descend la gorge boisée de
l'Arve (v. p. 14) ; à l'hôtel des Montées, prendre à droite un
sentier qui mène sous bois à Servoz où l'on visite les gorges de
la Diosaz. Train de Servoz aux Houches. Puis gagner à pied le
village des Houches d'où très belle vue des Aiguilles (v. p. 15).
Par les Bossons, revenir à Chamonix (12 kil. aller et retour).
Si l'excursion paraît trop longue, prendre le train aux Bossons
pour Chamonix.

3° *Grotte et glacier des Bossons.* — Route de Chamonix aux
Bossons. L'Arve franchi, à gauche de l'hôtel du Dôme, prendre
un chemin qui mène au village des Bossons ; tourner à gauche ;
un sentier sous bois, le long de la moraine du glacier des Bossons, monte au chalet des Bossons où on prend un ticket pour
visiter la grotte artificiellement creusée dans le glacier. Un peu
plus haut, on traverse le glacier (prendre un guide). Puis un
sentier, au flanc de la montagne, conduit à la cascade du Dard,
d'où on descend sous bois au hameau des Pélerins ; de là, on
regagne Chamonix (v. plus haut) (durée de l'excursion : 3 heures).
On peut prendre le train de Chamonix aux Bossons.

4° *Col des Montets.* — Train de Chamonix à Argentière. Suivre
la route qui, par Trélechamp, monte au col des Montets et
descend à la station du Buet (5 kil. 5, v. p. 23). Train du Buet à
Montroc à travers le tunnel, sous le col des Montets. Descendre
à Montroc d'où très belle vue (v. p. 23) ; gagner l'hôtel du
Planet et Argentière (v. p. 23) (une heure). Train d'Argentière à Chamonix.

Excursions en montagne : 1° *La Flégère* (v. p. 20). — Plus
facile et plus agréable de prendre le train jusqu'à Argentière
et d'aller d'Argentière à La Flégère par un sentier sous bois ;
comme Argentière est à plus de 200 m. au-dessus de Chamonix,
la montée d'Argentière à La Flégère est plus facile que de
Chamonix à La Flégère. Redescendre par le sentier de La Flégère à Chamonix (v. p. 20).

2° *Montenvers et la Mer de Glace* (v. p. 18). — Si la traversée
de la Mer de glace et la descente par le Mauvais Pas et Les
Tines paraissent pénibles, monter par le train de Chamonix à
Montenvers et redescendre par le chemin fort agréable, en
partie sous bois, de Montenvers à Chamonix.

3º *Le Brévent* (v. p 21).

EXCURSION SECONDAIRE.

Une des excursions les plus faciles et les plus intéressantes
est la suivante : Chamonix, Montenvers, Mer de Glace, Les
Tines, La Flégère, Plan Praz, Le Brévent, Chamonix. A qui
veut éviter une grande fatigue et jouir pleinement des merveilleux spectacles que l'on a de Montenvers, de La Flégère
et du Brévent, nous conseillons de quitter Chamonix le matin,
de déjeuner à Montenvers, de coucher aux Tines, d'en partir
l'après-midi après une matinée de repos, d'arriver à La Flégère pour contempler au soleil couchant la couronne de montagnes de la Mer de Glace, de déjeuner le lendemain à Plan
Praz, où l'on reviendra pour passer la nuit, après avoir fait
l'ascension du Brévent, et enfin, le matin du quatrième jour,
de redescendre à Chamonix par le Plan des Chablettes.

De Chamonix aux Tines par la Mer de Glace (1)
(5 heures de marche). — A gauche de la gare de Chamonix
débouche le chemin muletier de Montenvers qui, après être
passé à un hameau, prend à droite, traverse la voie ferrée de
Montenvers et s'élève d'abord sur le flanc nu et couvert d'éboulis
de la montagne, puis sous bois, à travers une haute forêt de
sapins, avec de belles échappées sur la vallée de l'Arve et sur
le Brévent. Après deux heures et demie de montée, on arrive à
l'hôtel de Montenvers (1.921 m.) sur un éperon rocheux, à
cent mètres au-dessus de la Mer de Glace. Quel merveilleux
spectacle ! On croit voir quelque mer figée en pleine tempête ;
d'immenses champs de glace déroulent leurs lames puissantes :
ce sont les glaciers du Géant ou du Tacul, de Leschaux, de
Talèfre, qui, se rejoignant au pied de l'aiguille du Tacul (3.438 m),
descendent vers la vallée de Chamonix en une « mer de glace »
de 150 m. d'épaisseur, de 7 kil. de long et de 1 kil. de large. La
Mer de Glace a une admirable couronne de montagnes : au delà
du glacier et de gauche à droite, l'aiguille de Bochard (2.669 m.),
le glacier des Grands Montets et, un peu plus bas, celui du Nant
Blanc ; en face, une des pointes du Dru (3.733 m.), derrière
laquelle se montre l'aiguille Sans Nom (3.982 m.), qui cache en
partie le sommet neigeux de l'aiguille Verte (4.127 m.); plus à
droite, l'aiguille du Moine (3.412 m.), et tout au fond, le glacier
de Leschaux, les trois pointes des Grandes Jorasses (4.208 m.),
l'aiguille du Tacul (3.438 m.), le Dôme de Rochefort (4.016 m.),
la calotte neigeuse de Rochefort, le mont Mallet (3989 m.) et
l'aiguille du Géant (4.019 m.); enfin, en deçà, à notre droite,
l'aiguille de Trélaporte, la pointe de la République, au flanc de

____

(1) De Chamonix à Montenvers, chemin de fer à vapeur et à crémaillère.

l'aiguille de Charmoz (3.442 m.), et l'aiguille de Blaitière (3.507 m.) Vers le Nord, de l'autre côté de la vallée de l'Arve, court la chaîne d'où émergent le mont Brévent, les aiguilles Pourrie, de la Glière, de la Floria, les aiguilles Rouges dont les flancs sont escaladés par des forêts de sapins et semés de névés, et en arrière desquelles et à droite se dressent le Perron et le Bel Oiseau.

La traversée de la Mer de Glace ne présente pas de difficulté ; de la terrasse de Montenvers, on distingue le sentier tracé sur la glace ; il est seulement nécessaire d'avoir des souliers ferrés ou d'enfoncer ses bottines dans des chaussettes de laine qu'on apporte ou qu'on achète. Le glacier traversé, le sentier qui mène au Chapeau, au travers d'éboulis, franchit le torrent du Nant Blanc au pied même de la belle cascade qu'il forme, puis la décharge du glacier des Montets, et descend par le Mauvais Pas, passage autrefois très difficile, que des marches taillées dans le roc et une rampe en fer ont rendu aujourd'hui accessible. Le Chapeau (1.601 m., 1 h. 1/2 de Montenvers), au pied de l'aiguille de Bochard, est une terrasse étroite où, dans une hutte que détruisent parfois des avalanches, notamment en 1915, on sert des rafraichissements. De là, on a une fort belle vue de la Mer de Glace que dominent les Grandes Jorasses, le Mont Mallet, l'aiguille du Géant, les arêtes et les fines découpures de l'aiguille de Charmoz, sur le flanc de laquelle se dresse la pointe aiguë de l'aiguille de la République ; derrière l'aiguille de Charmoz se montrent les aiguilles de Blaitière et du Midi, le Dôme et l'aiguille du Goûter. A nos pieds s'étend la verte vallée de Chamonix, où coulent l'Arve, l'Arveyron qui descend du glacier des Bois, et où l'on distingue les villages des Bois, des Praz, les hôtels, les palaces de Chamonix et le hameau des Bossons. A partir du Chapeau, la Mer de Glace change d'aspect ; sa pente s'accentue et elle prend le nom de glacier des Bois, sali, comme elle, par des poussières et des éboulis. Le sentier descend ensuite à travers une forêt de sapins, passe à l'hôtel Beauséjour (1), au débouché d'un vallon où s'élève un hameau, Lavancher, et au fond duquel, au pied de montagnes nues, on découvre Argentière. Après une heure de marche, on arrive aux Tines.

Excursion de la Flégère (2 h. 1/2). — Si on fait l'excursion de la Flégère, en partant des Tines, on gagne par un sentier qui traverse l'Arve le paradis des Praz et le chemin

---

(1) Un peu avant l'hôtel Beauséjour, un sentier, à gauche, mène au village des Bois et aux Praz.

muletier de la Flégère qni monte d'abord en zig-zag sur une pente nue et escarpée, puis entre sous bois. Mais il vaut mieux partir des Praz que des Tines, car, des Praz, le sentier qui s'amorce à la route de Chamonix, près du pont de l'Arve, a une pente moins dure et reste presque toujours sous bois..

On ira donc déjeuner aux Praz qui n'est qu'à 2 kil. des Tines et on arrivera, *avant le coucher du soleil*, à l'hôtel de la Croix de la Flégère (1.800 m.), après 2 h. 1/2 d'une ascension peu pénible. Le touriste qui, ne consacrant à ce voyage qu'une dizaine de jours, ne pourra faire que l'excursion de la Flégère, partira des Praz ou de Chamonix même, car, au sortir de Chamonix, il trouvera à gauche un sentier qui mène à la Flégère, et il descendra aux Praz le lendemain matin de bonne heure.

La Flégère, montagne adossée à l'aiguille de la Floria (2.953 m.), s'avance en éperon au-dessus de la vallée, face à la Mer de Glace ; aussi, de la terrasse de l'hôtel, la vue embrasse-t-elle toute la vallée, depuis la dépression du col de Balme jusqu'au delà de Chamonix, avec ses hameaux et ses villages, Montroc, Argentière, les Tines, les Bois, les Praz et toute la chaîne du mont Blanc, depuis le col de Balme jusqu'à l'aiguille du Goûter, avec l'aiguille du Tour (3.531 m.), les aiguilles du Chardonnet (3.823 m.) et d'Argentière (3.912 m.) à gauche ; les aiguilles de Blaitière, du Plan, du Midi, le mont Blanc du Tacul, le mont Maudit, le mont Blanc, le Dôme et l'aiguille du Goûter à droite. En face, de l'autre côté de la vallée, s'étend la Mer de Glace, avec son incomparable amphithéâtre de montagnes : l'aiguille Verte et, auprès d'elle, l'aiguille Sans Nom et le Dru, l'aiguille de Leschaux, les Grandes Jorasses, le mont Mallet, l'aiguille du Géant et enfin celle de Charmoz.

Excursion secondaire.

De la Flégère au Brévent (3 h. 1/2). — On suit d'abord le même chemin par lequel on est venu, puis à 20 minutes de l'hôtel de la Croix, on prend à droite un sentier qu'indique un poteau et qui, suspendu au flanc de la montagne, passe par les chalets de Charlanoz et conduit en 2 heures à l'auberge de Plan Praz (2.064 m.) que l'on aperçoit de la Flégère. De là, on s'élève assez durement jusqu'au pied du Brévent. Par des marches taillées dans le roc et en s'aidant d'une main courante en fer, on se hisse le long d'une cheminée creusée dans le rocher. Puis le sentier, suivant la crête de roches abruptes, débouche sur une terrasse, devant une hutte-auberge où l'on trouve à déjeuner. De cette terrasse (2.523 m.), si la vue est plus étendue que de la Flégère, on n'aperçoit que de profil la chaîne que dominent les aiguilles du Tour, de Chardonnet, d'Argentière, l'aiguille de Bochard, celle des Grands Montets, l'aiguille Verte, le Dru, le Moine (3.412 m.), les aiguilles de Talèfre (3.730 m.), de l'Eboulement (3.599 m.), l'aiguille de Leschaux (3.759 m.), les Petites Jorasses ; on ne voit ni le glacier du Tour, ni celui d'Argentière ; de la Mer de Glace n'apparaît que l'extrémité, le glacier des Bois ; et entre le Charmoz et la Blaitière, on ne distingue qu'une des trois pointes des Grandes Jorasses. Si le regard plonge à 1.500 m. au-dessous de nous sur Tines, sur le Praz, sur Chamonix et Les Bossons, et sur une partie de la vallée de l'Arve, nous n'en découvrons pas le fond, ni Argentière, ni Montroc. Mais toute la chaîne, depuis l'aiguille de Charmoz jusqu'au glacier et jusqu'à l'aiguille de Bionnasset (4.052 m.), se déroule à nos yeux, et la vue s'étend au Sud-Ouest jusqu'aux monts du Dauphiné, au Nord-Est jusqu'aux Alpes Bernoises et vers le Nord sur de nombreuses montagnes des Alpes de Savoie, sur le Buet (3.109 m.), sur le Grenairon (2.771 m.), sur les rochers de Fiz, sur la pointe de Platé (2.555 m.), sur la tête du Colloney (2.693 m.), sur les aiguilles de Varens (2.638 m.) et sur la pointe Percée (2.752 m.). Au pied des aiguilles de Varens se creuse, à une profondeur étonnante, la verte vallée de l'Arve, semée des toits rouges des maisons de Domancy, de Chède, de Servoz ; le mont, couvert de forêts, de la Tête Noire, derrière lequel se cache Le Fayet, semble couper en deux le sillon des eaux grises de l'Arve qui, caché un moment à nos yeux, reparaît près de Servoz pour disparaître dans une gorge boisée ; on distingue même le pont sur l'Arve, qui relie à la route de Chamonix le vallon de Servoz ; enfin, près de nous, à notre droite, se dressent les aiguilles Pourrie, de la Glière, de la Floria et les aiguilles Rouges qui dominent la vallée de l'Arve. On peut descendre à Chamonix en contournant la crête du Brévent et en passant par le Plan Bel-Achat, hôtel (2.126 m.) sur le flanc de la montagne, au Sud-Ouest du sommet ; mais d'innombrables lacets rendent ensuite la descente à la longue fastidieuse. Il vaut mieux revenir par Plan Praz d'où, à travers une forêt de sapins et par le Plan des Chablettes (1.545 m.), on descend en deux heures à Chamonix.

De Chamonix à Argentière (12 k.) (1). — La route longe, à leur niveau même, les eaux rapides de l'Arve ; elle traverse le torrent après Les Chables et atteint les Praz (2 kil.). A gauche, se dressent l'aiguille Pourrie (2.599 m.), la Glière (2.698 m.) et l'aiguille de la Floria (2.958 m.), en avant de laquelle et au sommet d'une montagne boisée, on découvre l'hôtel de la Croix de la Flégère. On laisse à droite le village des Bois et le glacier des Bois que dominent l'aiguille de Bochard, le Dru et l'aiguille Verte. Des Tines (1.084 m., 5 kil. 5) plus que des Praz, on voit se creuser la trouée profonde qui sépare l'aiguille Verte neigeuse, l'aiguille Sans Nom d'une part et le Dru, à la pointe élancée, de l'autre, montagnes qui, vues de Chamonix, semblent se confondre. On peut aller, promenade fort agréable, des Praz aux Tines par le Paradis des Praz : au sortir des Praz, à gauche de la route, on prend un sentier qui traverse l'Arve, pénètre sous bois, franchit de petits torrents sur des ponts de troncs d'arbres, recroise l'Arve, passe d'une rive à l'autre et, après un court trajet à travers des champs et des prés, débouche devant la station et les hôtels des Tines.

Après les Tines, la route, taillée dans le flanc de la montagne qui ferme la vallée, s'élève assez durement et pénètre dans une gorge boisée, au fond de laquelle le torrent semble bondir à notre rencontre, grondant et écumant sur d'énormes rochers ; l'horizon est borné par des monts couverts de forêts de sapins. Bientôt, la pente est plus douce, la gorge s'élargit, et les montagnes, s'écartant, laissent voir l'hôtel Planet sur un éperon rocheux, le col de Balme en arrière, entre des monts pelés, puis, à droite, la très belle aiguille du Chardonnet. La vallée, toujours très verte, s'élargit de plus en plus ; c'est seulement quand, après les Chosalets, on a franchi l'Arve, qu'on voit se creuser entre de hautes moraines le glacier d'Argentière et se dresser, au-dessus de lui, l'aiguille d'Argentière.

---

(1) Train électrique Chamonix, Finhaut, Vernayaz.

D'Argentière (12 kil., 1.253 m.), la vue est fort belle sur le glacier entre l'aiguille de Chardonnet à gauche, et à droite l'aiguille des Grands Montets et l'aiguille Verte, derrière laquelle se dressent l'aiguille Sans Nom et la pointe du Dru, sur les Aiguilles et, tout au fond de la vallée, sur le glacier des Bossons, sur le mont Blanc, sur le Dôme et sur l'aiguille du Goûter.

Excursion secondaire. (*V. Carte n° 4.*)

Il est facile et intéressant d'aller d'Argentière à Montroc et à l'hôtel Planet, soit à bicyclette, soit à pied On suit d'abord la route du col des Montets ; puis on prend à droite un chemin qui traverse l'Arve et s'élève sur la rive gauche du torrent. C'est de l'hôtel Bel Alp, près de la station de Montroc et du tunnel de la voie électrique, que, peut-être de toute la vallée. on a la plus belle vue à la fois des Aiguilles et du mont Blanc De là aussi, on découvre à droite, si l'on fait face à la vallée, les aiguilles Rouges, par dessus l'arête d un mont pelé qui domine le col des Montets, et à gauche, l'aiguille et le glacier du Tour. En descendant de Montroc, un chemin, à gauche, monte à la terrasse de l'hôtel Planet, d'où nous contemplons. à nos pieds. Argentière et, jusqu'à Chamonix qu'on aperçoit tout entier, la vallée creusée entre la chaîne du mont Blanc et celle des aiguilles Rouges.

Excursion principale. (*V. Carte n° 4.*)

D'Argentière à Finhant (16 kil.) (1). — En montant vers Trélechamp et l'hôtel des Montets, on découvre toute la chaîne, du col de Balme au Dôme du Goûter, l'aiguille et le glacier du Tour, l'aiguille du Chardonnet et le glacier d'Argentière, les aiguilles Verte et Sans Nom, le Grand et le Petit Dru que sépare à peine une encoche, les Aiguilles et le mont Blanc. En approchant du col des Montets (1.445 m., 3 kil.), la vue se rétrécit, mais s'étend en profondeur sur le glacier d'Argentière tout entier, sur les Droites et sur les Courtes, monts tourmentés qui le dominent en arrière. Quand on commence à descendre, on aperçoit, toujours derrière soi, par la trouée du col des Montets, dans le cadre formé par les aiguilles Rouges à droite

---

(1) Au lieu de prendre à Argentière le train qui, entre la station de Montroc et celle des Montets, s'enfonce dans un tunnel, il est intéressant d'aller à pied d'Argentière à Valorcine (7 kil.).

et par l'Aiguillette à gauche, la chaîne du mont Blanc, depuis l'aiguille du Chardonnet jusqu'au mont Blanc. Mais, au fur et à mesure qu'on descend, ce cadre embrasse des montagnes de moins en moins nombreuses : les Aiguilles s'effacent l'une après l'autre ; cependant, l'aiguille de Charmoz, qui s'érige au-dessus des glaciers où ses flancs tombent à pic, apparaît immense, plus belle que de la vallée de Chamonix. Bientôt, on n'aperçoit plus que le mont Maudit, le mont Blanc du Tacul et le mont Blanc ; et, quand on approche de Valorcine, lui seul se montre, avec le Dôme et l'aiguille de Goûter.

A nos pieds s'étend la sombre vallée de l'Eau Noire que dominent de belles montagnes, couvertes de sapins pour la plupart, et au fond de laquelle, dans l'encadrement d'une gorge boisée, nous apercevons Finhaut et ses maisons grimpant au flanc d'une montagne ; à notre gauche se dressent les aiguilles Rouges, le Loriaz et, plus en arrière, le Perron. Bientôt se creuse la gorge profonde de l'Eau Noire, entre la crête nue du mont Oreb et la pointe élancée du Loriaz ; un peu en arrière du mont Oreb brille le glacier du mont Oreb ; à l'arrière plan s'élève le Buet (3.109 m.), avec ses champs de neige. — Après être passés près de l'hôtel et de la station du Buet (1.337 m.), nous traversons l'Eau Noire, puis le hameau et le torrent du Nant : à gauche, le Loriaz élève jusqu'au ciel son pic nu et puissamment coloré ; devant nous, très loin, de fort belles montagnes d'où émerge le Grand Chavalard, dernières ramifications des Alpes Bernoises, barrent l'horizon ; derrière nous, à droite du col des Montets, se dressent les aiguilles Rouges et l'Oreb dont les crêtes et les sommets nus, au coloris puissant, tranchent sur le vert sombre des sapins qui couvrent les autres montagnes ; et par delà la trouée du col, dans l'encadrement des aiguilles Rouges et de l'Aiguillette, s'érigent le mont Blanc du Tacul, l'Aiguille du Midi, le Plan et la Blaitière.

De Valorcine (1.250 m., 7 kil.), les aiguilles Rouges apparaissent très belles, ainsi que le Mont Oreb et le Loriaz ; vers le Nord, on découvre la gorge de la Barberine entre le Perron et la montagne nue et escarpée du Bel Oiseau ; et le col de la

Gueula se creuse entre le Bel Oiseau et le Six-Jeurs, en contre-bas. Après Valorcine, la vallée se rétrécit ; on entre dans une gorge boisée, où l'on retraverse l'Eau Noire ; bientôt, on a en vue la cascade que forme la Barberine en tombant d'une gorge profonde, dominée à gauche par le Perron, à droite par le Six-Jeurs. On franchit encore une fois l'Eau Noire et on arrive à la station du Châtelard (1.120 m., 10 kil.), la première gare suisse, coquette et plaisante à voir, surtout quand l'œil a été blessé et irrité par les constructions lourdes et laides dont la Compagnie du P. L. M. a enlaidi la vallée de Chamonix.

Au sortir du Châtelard, on laisse à droite la route qui mène à l'hôtel de la Tête Noire et, par le col de la Forclaz, à Martigny, et on s'élève très durement (1) au-dessus de la gorge boisée, très verte, de l'Eau Noire. On aperçoit à droite une belle cascade, puis à gauche, sur le flanc de la montagne, au-dessus des gorges du Trient, Finhaut, et devant soi, au bout de l'horizon, au-dessus de la trouée du Valais, le Grand Chavalard. On laisse à gauche un chemin qui monte aux hôtels de Gétroz, puis on descend à travers une forêt de sapins vers Finhaut. De temps en temps, jetez un regard en arrière : vous apercevrez Gétroz, le mont Blanc, le Dôme et l'aiguille du Goûter ; mais en approchant de Finhaut, vous ne verrez plus que l'aiguille du Goûter. Finhaut (1.250 m., 16 kil.), que vous atteignez, après avoir franchi deux torrents qui tombent en cascade dans la gorge du Trient, étage ses maisons très haut au-dessus de cette gorge. Vous voyez, en face de vous, se dresser sur un éperon boisé, au flanc du mont de la Tête Noire, qui domine le confluent de l'Eau Noire et du Trient, l'hôtel de la Tête Noire ; ce glacier que vous apercevez à gauche, tout au fond de la gorge du Trient, c'est le glacier du Trient : ces falaises

---

(1) Bien que le chemin soit parfois mauvais et très pénible, on peut aller à bicyclette du Châtelard à Vernayaz par Finhaut, mais il faut se résigner à pousser de temps en temps sa machine et il est nécessaire d'avoir d'excellents freins : aux montées, après le Châtelard, comme aux descentes, avant Triquent et après Salvan, on trouve des pentes de 14 et 15 % et des lacets à angle aigu et très courts.

nues, couleur de rouille, qui ferment l'horizon au fond de la gorge de l'Eau Noire, ce sont les aiguilles Rouges.

Excursion du col de la Gueula (altit. 1.945 m.). — Le sentier qui mène au col de la Gueula en 2 h. 1/2 grimpe assez péniblement au flanc d'une montagne. Il prend à droite de la route, en amont de Finhaut, et s'élève d'abord à l'ombre de sapins. Puis il passe entre des masures et s'enfonce de nouveau dans une forêt, plus facile sous les futaies, feutré par les aiguilles de sapins ; plus loin, il monte caillouteux et de plus en plus dur au pied d'une muraille rocheuse, et enfin il pénètre dans la crevasse profonde du col de la Gueula, entre les falaises nues et grises du Six-Jeurs à gauche et du Bel-Oiseau à droite. Au moment d'entrer dans cette gorge dénudée, ravinée par des éboulis, où ne pousse ni arbuste, ni herbe, et au fond de laquelle s'entassent d'énormes rochers tombés des montagnes, on voit se dresser, dans l'échancrure qu'elle forme entre le Six-Jeurs (2.056 m.) et le Bel-Oiseau (2,638 m.), les trois sommets du Perron. On aperçoit bientôt, au débouché du col, une hutte-restaurant adossée au Six-Jeurs (1). — D'une terrasse, couverte d'une herbe drue, qui domine la gorge de la Barberine, on a un magnifique spectacle : en face se dressent les montagnes nues et grises, semées de névés, du Tanneverge (2.980 m.), du Finive (2.870 m.) et du Cheval Blanc (2.850 m.), qui, sur l'autre versant, forment, en amont de Sixt, autour des sources du Giffre, le célèbre Fer-à-Cheval ; à nos pieds, descendant d'une gorge entre les colossales parois du Finive et du Bel-Oiseau, la Barberine coule dans un vallon assez large qui, plus bas, à notre gauche, s'étrangle entre les flancs à pic du Perron et du Six-Jeurs. Plus à gauche encore, le regard embrasse la verte vallée de l'Eau Noire, la station et les hôtels de Valorcine, à plus de 2.000 pieds au-dessous de nous, un

---

(1) Si vous désirez passer la nuit dans cette hutte pour voir le coucher et le lever du soleil, on vous dressera, dans l'unique salle, des lits de fortune.

peu en arrière, au pied des aiguilles Rouges, la dépression profonde du col des Montets et, par dessus la chaîne hérissée qui borde l'Arve, la région splendide des glaciers et toute la chaîne du mont Blanc jusqu'à l'aiguille du Goûter : l'aiguille du Tour s'érige entre le glacier du Trient et le glacier du Tour ; l'aiguille du Chardonnet, la chaîne de l'aiguille Verte et l'aiguille Verte couronnent la trouée où on devine le glacier d'Argentière ; à droite du Dru, l'aiguille du Géant élance sa pointe nue au-dessus du glacier du Géant qui s'allonge en arrière des Aiguilles ; ces montagnes, qui plongent leurs assises dans ce glacier, se montrent tout entières, plus hautes et plus belles, surtout l'aiguille de Charmoz, que de Chamonix ; enfin, plus à droite encore, apparaissent, éblouissantes, les neiges du mont Maudit, du mont Blanc et du Dôme.

Par un sentier, on monte en un quart d'heure au sommet du Six-Jeurs (2.056 m.) ; on s'arrête émerveillé, au pied d'une croix de bois : du plateau culminant, la vue s'étend prodigieusement dans tous les sens, depuis le mont Blanc jusqu'aux Alpes Valaisanes et jusqu'aux Alpes Bernoises ; c'est autour de soi un immense chaos de montagnes tourmentées, entre lesquelles se creusent des gorges et des vallées bossuées et profondes, celles de Chamonix, de l'Eau Noire, de la Barberine, du Trient et du Rhône.

De Finhaut à Vernayaz (12 kil.). — Après Finhaut, le chemin s'élève très haut au-dessus de la gorge du Trient, verte des bords du torrent au sommet des monts, pour descendre à travers une forêt de sapins, par des lacets très courts et très durs, à Triquent ou Trétien (994 m., 4 kil.). Plus loin, il franchit la gorge du Triège qui se creuse, profonde entre des parois géantes et nues, au-dessus de nous, sous le pont de la voie électrique, et à nos pieds, sous l'arche d'un pont romain. Puis, contournant le flanc à pic de la montagne, il court en encorbellement au-dessus des gorges du Triège et du Trient ; en arrière se superposent les trois ponts qui enjambent la gorge du Triège ; au pied de la corniche s'approfondit

la gorge du Trient, que prolonge tout au loin celle de l'Eau
Noire; des pentes rapides, couvertes de forêts, s'abaissent vers
les creux de ces gorges;• les aiguilles Rouges qui ferment
l'horizon se dessinent en relief sur le fond du ciel. On passe
ensuite près de Marécottes qui s'étage sur le flanc de la montagne; on s'élève encore un peu, et on arrive à Salvan (925 m.,
8 kil.). En face de nous, la dent de Morcles. Dominant Salvan,
des hôtels couvrent la crête et les flancs d'un contrefort qui,
s'allongeant obliquement, étrangle la gorge et tombe presque
à pic dans la vallée du Rhône, en face de la dent de Morcles.
La route descend dans cette vallée par d'innombrables lacets
très courts et très durs et atteint Vernayaz (465 m., 12 kil.).

La cascade de la Pissevache est à un quart d'heure en aval
de la station de Vernayaz : c'est la chute d'un torrent, la
Salanfe, qui, jaillissant des gorges de la Dent du Midi, se
précipite dans la vallée. Au haut d'un sentier qui y mène, elle
apparaît formidable : large comme un fleuve, elle s'écroule
d'une hauteur de plus de 200 pieds. On contemple, d'un garde-
fou, le merveilleux spectacle de ces eaux blanchissantes qui se
heurtent, se divisent, puis redescendent en nappes, en écumes
laiteuses.

C'est aussi de Vernayaz qu'on visite les gorges du Trient,
dont l'entrée est près du village (1). Elles sont étranglées entre
de colossales murailles rocheuses, hautes de plus de 100 mètres
et qui, parfois, se rapprochent et semblent se rejoindre : on
dirait alors une grotte immense dont la voûte trouée laisse à
peine filtrer la lumière. Ces parois géantes, qui se resserrent
et paraissent obstruer le chemin derrière et devant nous, ont
un caractère de grandeur rude et menaçante. Tantôt empri-
sonné entre deux murs de rochers polis, le torrent se précipite
avec un bruit assourdissant, bondissant et écumant sur les
rocs énormes éboulés dans son lit; tantôt très profond, il
s'étend en nappe huileuse dans une ceinture de roches nues.
Suspendue comme un balcon au-dessus de lui et passant parfois

(1) On peut visiter la cascade et les gorges avant de déjeuner.

d'une rive à l'autre, court une galerie de bois scellée dans le roc.

(*V. Carte n° 5.*)

De Vernayaz à Aigle (19 kil.). — La route bientôt atteint et suit le Rhône ; en arrière, la cime neigeuse du Grand Combin et, à sa droite, la coupole blanche du mont Velan émergent de la chaîne de montagnes qui ferme la vallée. On passe à Evionnaz et on arrive à Saint-Maurice (420 m., 10 kil.). Au flanc du mont qui domine à gauche Saint-Maurice et qui tombe à pic dans la vallée, est suspendu, comme par miracle, l'ermitage de Notre-Dame-du-Sex (ou du rocher). — Après Saint-Maurice, on franchit le Rhône, on passe à Bex, à Saint-Triphon, à droite d'une colline qui porte une vieille tour, et on arrive à Aigle (423 m.).

D'Aigle (1) (423 m.) **aux Diablerets** (1.175 m.), 22 kil. (chemin de fer électrique). — La route remonte une vallée boisée : à droite, le Chamossaire ; à nos pieds, Aigle et son château, et la vallée du Rhône, que dominent des monts tourmentés, les Cornettes de Bise. — Le Seppey (1.130 m., 11 kil.) aligne ses vieux hôtels au-dessus de la gorge très verte de l'Eau Blanche ; à gauche se montrent les tours d'Aï et de Mayen, vers le Sud le Chamossaire (2.118 m.) et les neiges de la Dent du Midi. Après Le Seppey, on s'élève doucement en suivant la vallée de l'Eau Blanche que domine à droite le Chamossaire ; en arrière apparaissent, très hauts sur une verte terrasse, exposés au soleil et abrités des vents, les nombreux hôtels de Leysin. La route est fort bonne ; mais la vallée bordée de monts couverts le plus souvent de prairies et de bois est peu intéressante. On laisse à droite Vers-l'Église, localité principale d'Ormont-Dessus, et on arrive au Plan (1.158 m.) et à la

---

(1) D'Aigle, on peut gagner Gstad par le fond du lac de Genève, par Territet et Montreux, par la voie électrique qui monte aux Avants, descend à Montbovon et suit la Sarine, traversant la Grande Gruyère. Si vous en avez le temps, allez d'Aigle à Lausanne par Montreux, Vevey, Chexbres, Cully et Ouchy (voir t. A, II).

station des Diablerets. En approchant du Plan, on découvre
les falaises nues et les rochers couverts de neige du Creux de
Champ, puis un peu en arrière, les montagnes du Sex-Rouge
(2.977 m.) et de l'Oldenhorn ou de l'Audon (3.124 m.) qui font
partie du massif des Diablerets et qui dressent, surtout l'Audon,
au-dessus de leurs flancs boisés ou pelés, des murailles grises
ou couleur soufre étrangement découpées, semblables à des
remparts en ruines. La station et l'hôtel des Diablerets s'élèvent près du Creux de Champ, cirque de rochers qui évoque
le souvenir du cirque de Gavarnie et du Fer à Cheval, près de
Sixt, et d'où tombent de nombreuses cascades.

Des Diablerets à Gstad (22 kil., diligence). — En
montant péniblement au col de Pillon, on voit à droite jaillir
d'un rocher qu'elle a comme scié en deux, la cascade du Dard,
torrent qui tombe du glacier du Dard entre le Sex-Rouge et
l'Oldenhorn. Après avoir franchi le col (1.550 m., 4 kil.), que
domine au Nord le mont La Palette (2.174 m.), la route,
toujours très bonne, descend lentement à travers des prairies
et des bois et suit le Reuschbach ; à droite tombe une autre
belle cascade, formée par l'Oldenbach qui a creusé une gorge
étroite entre l'Oldenhorn et le Sanetschhorn (2.946 m.). Bientôt
on découvre devant soi une très belle montagne, le Spitzhorn
(2.800 m.), au pied de laquelle, dans une profonde trouée, la
Sarine descend en cascades ; au fond de cette trouée, derrière
le Spitzhorn, luit le glacier de Gelten.

Gsteig ou Châtelet (1.190 m., 11 k.) est sur le Reuschbach,
non loin du confluent de la Sarine. — Plus loin, la route suit le
plus souvent la Sarine, dans une vallée très verte, bordée de
monts que couvrent jusqu'au sommet des prairies et des bois
de sapins ; c'est un peu monotone ; mais en arrière, la vue est
fort belle sur les Alpes Bernoises que dominent, de gauche à
droite, le Spitzhorn, le Sanetschhorn et l'Oldenhorn. De très
loin, on aperçoit, au haut d'une verte colline, le palace de Gstad,
avec son immense tour carrée, toute blanche, flanquée de
tourelles minuscules. En entrant à Gstad (1.050 m., 22 kil.),

jetez un regard en arrière : devant vous, le Spitzhorn, les pics neigeux de l'Oldenhorn et du Sanetschhorn, avec leurs roches nues et grises, ferment, contraste heureux, la très verte vallée de la Sarine ; à votre gauche, le torrent de Laui (Lauibach) creuse une vallée profonde, au fond de laquelle brillent les neiges du Wildhorn (3.264 m.). — En traversant Gstad, on franchit le Lauibach qui, plus bas, se jette dans la Sarine.

De Gstad (1.050 m.) à **Zweisimmen** (980 m.), 14 kil. (De Gstad à Zweisimmen et à Spies, train électrique). — En montant vers les chalets des Saanen-Mœser, se déroule à nos pieds la vallée de la Sarine, où nous découvrons Saanen (Gessenay), en aval de Gstad : le Spitzhorn, le Sanetschhorn et l'Oldenhorn barrent cette vallée au Sud ; les deux sommets de la Gumfluh (2.459 m.) qui dressent leurs roches tourmentées et nues au-dessus de monts verts jusqu'au faîte, et le Rüblehorn (2.307 m.) qui élève au-dessus de Gstad son arête grise, la dominent à l'Ouest ; vers le Sud se creusent la vallée de Turbach et celle de Lauibach, au fond de laquelle le Wildhorn émerge du milieu de glaciers. Quand on a franchi les hauteurs (1.283 m.) qui séparent les vallées de la Sarine et de la Simme, on descend lentement ; on arrive à Zweisimmen, sur la Petite Simme, près du confluent de la Petite et de la Grande Simme ; au fond de la vallée de la Grande Simme apparaît le Wildstrubel avec ses champs de neige.

(V. Carte n° 6.)

De Zweisimmen (980 m) à **Spiess** (630 m.), 36 kil. — Non loin de Zweisimmen, un peu avant Garstadt, la vallée de la Simme est barrée par un contrefort boisé qui s'allonge comme un cap. La route, qui suit à leur niveau même les eaux rapides du torrent, passe d'une rive à l'autre et s'enfonce dans une gorge profonde qu'étrangle ce contrefort ; taillée dans le flanc de la montagne, elle est suspendue, ainsi qu'un balcon, au-dessus du torrent qui bondit et gronde entre deux murailles ds rochers, que des arbres drapent de leur verdure. Tout à coup, à un détour, apparaît la chute du torrent qui s'écroule tout entier, creusant des tourbillons, bouillonnant et écumant sur d'énormes rochers (1). C'est la seule partie de la route de Zweisimmen à Wimmis qui soit vraiment intéressante, car la vallée de la Simme, très verte, bordée de monts très verts, est assez monotone, du moins depuis Zweisimmen. Après Garstadt, la vallée s'élargit. On passe à Reidenbach, à Boltigen, que dominent les deux pics nus de la Mittagfluh (1.889 m.), au-dessus de monts couverts de prairies et de bois. La vallée, de plus en plus étroite, se resserre en une gorge nouvelle, l'Enge. Après Weissembourg (735 m., 18 kil.), Erlenbach et Latterbach, où s'ouvre la vallée du Diemtig, elle s'étrangle de nouveau en un défilé. Puis, laissant à gauche la route de Thoune, elle traverse la Simme qui se jette un peu plus bas dans la Kander, et elle arrive à Wimmis (630 m., 31 kil.), coquet village dominé par un ancien château qui appartenait aux barons de Weissembourg. A droite se dresse la pyramide du Niesen (2.366 m.) et à gauche l'arête tourmentée du Stockhorn (2.193 m.). On franchit la Kander et on aperçoit les neiges de la Blümlisalp. Puis la route s'élève par un grand circuit sur les hauteurs qui séparent du lac de Thoune la vallée de la Kander, passe à Spiezwyler (652 m., laisse à gauche la route de Thoune et arrive à Spiez (631 m., 36 kil.).

Du jardin de l'hôtel Terminus, près de la gare, qui domine le lac, la vue est fort belle : à nos pieds, les maisons de Spiez, étageant leurs façades et leurs jardins en terrasse, descendent la pente du coteau jusqu'au bord du lac de Thoune dont les eaux glauques dorment dans une ceinture de montagnes; en face de nous, de l'autre côté du lac, se creuse entre le Sigriswylgrat à gauche et le Güggisgrat à droite, dont les flancs nus tombent à pic, l'énorme trouée du Justisthal; à notre droite brillent les neiges de la Blümlisalp et de l'Altels. Du bord même du lac (560 m., où se dresse le pittoresque château de

---

(1) On ne voit, du train qui disparaît dans un tunnel, ni cette gorge, ni cette cascade : aussi conseillons-nous d'aller à pied de Zweisimmen à Garstadt.

Spiez et où l'on descend en traversant la ville, on découvre sur l'autre rive Oberhofen et son château, Gunten et Merligen, au débouché du Justisthal ou vallée de Justis qu'arrose le Grünbach.

(V. Carte n° 6.)

De Spiez à Interlaken (17 kil.). — La route, au sortir de Spiez, s'élève entre des collines qui cachent à nos yeux le lac ; elle le rejoint avant Krattigen et elle en longe le bord escarpé ; puis elle passe à Leissigen et à Dœrligen, suit le nouveau canal de l'Aar et arrive à Interlaken.

Il est intéressant d'aller en bateau de Spiez à Interlaken. Le bateau fait escale sur la rive Nord à Merlingen et à Beatenbucht, station du funiculaire de Saint-Beatenberg, et parfois sur la rive Sud à Leissigen. Après Beatenbucht, une montagne boisée, le Saint-Beatenberg, tombe presque à pic dans le lac, portant à une grande hauteur la route de Thoune à Interlaken. Au bord même du lac se dresse le château de Lerow et les bains de Kübli (Küblibad). Très haut, sur le flanc du Saint-Beatenberg, au pied du Güggisgrat et de chaque côté du lit profond du Sündgraben, s'alignent les villas et les hôtels de Saint-Béatenberg (1.150 m.) ; à droite. dominant Saint-Beatenberg, on découvre, sur l'arête même du Waldegg, l'hôtel de l'Amisbuhl (1.340 m.) ; plus à droite encore, on voit la trouée que creuse la vallée profonde de Lombach, entre l'arête du Waldegg et la pyramide de l'Harderberg. — Le bâteau pénètre dans le canal de l'Aar et aborde, près de la gare, à Interlaken (568 m.).

Interlaken est situé dans une large plaine, bordée de hautes montagnes, entre les lacs de Thoune et de Brienz. C'est d'une large promenade, à la double rangée de noyers, le Hœheweg, bordée d'un seul côté des somptueux hôtels d'Interlaken, qu'on admire la Jungfrau au soleil couchant : par delà des blés, des prairies, des sapinières et un cirque de sombres verdures étagées, elle élève sa cime d'un blanc pur de neige amoncelée. De la gare, on aperçoit, par dessus la Schynige Platte, la pointe du Mœnch. Des mamelons boisés, le Grand (812 m.) et le Petit Rugen (740 m.), derniers ressauts des contreforts des

Alpes Bernoises, s'avancent au Sud, en éperon, devant Interlaken et lui cachent la vallée et la gorge de la Lütschine. On
fait de fort agréables promenades sur le Petit Rugen et à la
Heimwehfluh, restaurant sur le flanc du Grand Rugen (funiculaire). Il y a aussi quantité de promenades ombragées sur le
versant de l'Harderberg, montagne couverte d'une forêt, le
Brückwald, et qui domine Interlaken au Nord (train électrique
d'Interlaken au sommet de l'Harderberg).

D'Interlaken (568 m.) à **Lauterbrunnen** (800 m.),
12 kil. (Train d'Interlaken à Grindelwald par Lauterbrunnen et
la Petite Scheidegg). — La route la plus directe et la plus
agréable passe par la gorge boisée de Wagneren entre le Petit
et le Grand Rugen. Au sortir de cette gorge, on traverse
Wilderswyl au pied de l'Abendberg. A gauche, de l'autre côté
de la Lütschine, les flancs couverts de bois de la Schynige
Platte tombent presque à pic dans la vallée (chemin de fer à
crémaillère de la station de Wilderswyl-Gsteig à la Schynige
Platte). Devant soi se dressent, entre les deux trouées creusées
par la Lütschine Noire qui vient de Grindelwald et par la
Lütschine Blanche qui descend de Lauterbrunnen, l'éperon du
Mœnnlichen (2.325 m.), devant le Tschuggen. En arrière
apparaît la Jungfrau (4.167 m.), avec les deux monts couverts
d'une neige éblouissante qu'elle porte sur son flanc, le Silberhorn (3.705 m.) à droite, le Schneehorn (3.415 m.) à gauche. —
La route longe, à leur niveau même, les eaux rapides et
profondes du torrent de la Lütschine. Plus loin se montrent le
Mœnch (4.104 m.), puis l'Eiger (3.975 m.), et enfin, plus à
gauche, à l'arrière-plan, le Wetterhorn (3.703 m.). Après
Zweilütschinen (650 m., 8 kil.), au confluent des deux torrents,
la route serpente à travers une étroite, profonde et sombre
vallée, le long de la Lütschine Blanche, grondant dans l'écho
des colossales parois nues, hautes parfois de 500 mètres, qui
l'encaissent. A droite, un chemin muletier grimpe aux hôtels
d'Isenfluh (1.100 m., 1 h. 1/2), d'où on peut descendre à
Lauterbrunnen en suivant le flanc de la montagne. — Bientôt, à

gauche, se dresse la gigantesque Hunnenfluh, en forme de tour, contrefort du Mœnnlichen. On traverse le Sausbach qui, à droite, tombe en cascade de la montagne. Tout au fond de la vallée s'élèvent, devant la Jungfrau, les escarpements nus du Schwarze Mœnch (2.654 m.) et brillent les neiges du Mittag-horn (3.887 m.) et du Grosshorn (3.765 m.). Puis on découvre à gauche, très haut au-dessus de Lauterbrunnen, Wengen sur une verte terrasse ; et tout à coup apparaît la chute du Staub-bach, torrent qui s'écroule de roches surplombantes de près de 300 mètres, et dont les eaux blanchissantes se heurtent, se divisent à l'infini, deviennent de la poussière d'eau, redescen-dent en nappes ou semblent flotter comme un voile. On arrive à Lauterbrunnen, dans une vallée étroite et encaissée. En face surgissent le Schwarze Mœnch et le Grosshorn dont les murailles verticales de pierres grises ferment l'horizon : au pied de ces formidables parois qui se dressent à pic depuis le sol jusqu'au ciel, toute issue est fermée, et la route s'arrête. A droite, devant le Grosshorn, s'avance en éperon l'arête nue et tourmentée du Tschingel Grat.

De Lauterbrunnen, un chemin qui passe sur la rive droite de la Lütschine mène à l'hôtel de Trümmelbach. Au fond de la vallée, on aperçoit le Grosshorn (3.766 m.), le Breithorn (3.779 m.) et la cascade du Schmadribach qui glisse sur un pan de montagne à pic. Un sentier conduit en quelques minutes de l'hôtel à la chute du Trümmelbach. Ce torrent, décharge des glaciers de la Jungfrau, a creusé, évidé profondément la mon-tagne, d'où il jaillit avec une force incroyable par une étroite fissure. Par un ascenseur électrique ou bien par un sentier qui, à gauche, monte en lacets sur le flanc de la montagne, on s'élève jusqu'à une terrasse d'où, sur des balcons scellés dans le roc et suspendus au-dessus du torrent bondissant et gron-dant, on pénètre profondément dans cette gorge étroite : les rochers en face, éclairés à l'électricité, renvoient sur les eaux écumantes et les énormes cascades, une fantastique lumière.

De Lauterbrunnen (800 m.) **au col de la Petite Scheiddeg** (2.069 m.), 3 heures à pied (1). — Le sentier muletier que l'on suit est bon, mais il s'élève durement, surtout de Wengen à Wengernalp. De la gare de Lauterbrunnen, on peut, en traversant la voie ferrée, par un sentier qu'indique un poteau, rejoindre ce chemin. La vue s'étend sur Lauterbrunnen et, au fond de la vallée, sur le Grosshorn et sur la cascade du Schmadribach ; on découvre bientôt le Breithorn, devant lequel se découpe la crête tourmentée du Tschingel Grat, et plus à droite, au-dessus du funiculaire de Mürren dont on voit les rails escalader le flanc de la montagne, les Lobhœrner (2.525 m.) et le Sülegg Grat ; à gauche des escarpements du Schwarze Mœnch, se montrent le Silberhorn, la Jungfrau et, derrière eux, le Rotthalhorn (3.946 m.). — On traverse Wengen (1.275 m., 1 h.) dont les nombreux hôtels s'étagent au pied du Tschuggen. Au fur et à mesure qu'on s'élève s'étend l'horizon de montagnes : si bientôt on ne voit plus le Grosshorn, le Breithorn apparaît de plus en plus beau ; à sa droite et au-dessus de son glacier se dressent le Tschingelhorn (3.581 m.) et le Wetterhorn de Lauterbrunnen (3.143 m.) ; plus au nord et à l'extrémité du Tschingel Grat, le Gspaltenhorn (3.434 m.) ; sur une verte terrasse qui domine la vallée de Lauterbrunnen se montrent les hôtels de Murren ; derrière soi, on aperçoit sur le flanc d'une montagne, en face du Mœnlichen, les hôtels d'Isenfluh, et très loin en arrière, dans l'encadrement de la gorge de Lauterbrunnen, le Klein Rugen boisé et Interlaken.

A la Wengernalp (1.875 m., 2 h.), un seul hôtel. En face, de l'autre côté de la gorge profonde du Trümmelbach, la Jungfrau dresse ses immenses murailles verticales de roches grises sous un toit infini de neige et de glace que percent les pointes éblouissantes du Silberhorn à droite et du Schneehorn à gauche ; vers la gauche apparaissent les neiges et les glaciers du Mœnch

---

(1) Comme il n'est pas possible d'aller à bicyclette de Lauterbrunnen à Meiringen, le cycliste enverra sa machine en messagerie à Meiringen.

(4.104 m.) et de l'Eiger (3.975 m.) ; mais à droite, le Schwarze-Mœnch rétrécit l'horizon, cache le Grosshorn, le Breithorn, le Tschingelhorn, et ne laisse voir que le Tschingel Grat et le Gspaltenhorn. — Dans les étés chauds, à la Wengernalp, on entend et on voit de nombreuses avalanches : des névés, sur le flanc de la Jungfrau, ces avalanches tombent de terrasse en terrasse, suivant les sillons profonds qu'ont creusés les cascades dans les colossales parois de la montagne, jusque dans le gouffre du Trümmelbach, avec un roulement de foudre qui se prolonge au fur et à mesure que d'une terrasse elles s'écroulent sur une autre, soulevant dans leur chute des nuages de poussière de neige.

Il y a trois quarts d'heure à peine de la Wengernalp à la Petite Scheidegg. Du col de la Petite Scheidegg, qui se creuse au pied de l'Eiger et où l'on a bati un très grand hôtel et une gare (1) pour les voies électriques de la Jungfrau et de Grindelwald, on n'aperçoit que de biais la Jungfrau et on ne découvre, au delà de la trouée de Lauterbrunnen, que le Tschingel Grat, le Gspaltenhorn et, plus au nord, les neiges du Schiltorn (2.974 m.), les Lobhœrner (2.523 m.) et le Sulegg Grat. Mais, vers la gauche, de la terrasse du col, comme d'un belvédère, on domine une très grande étendue de pays : la vallée de Grindelwald s'ouvre à nos pieds ; des pentes couvertes de prairies et de sapins s'abaissent rapidement vers Grindelwald et, sur l'autre versant, montent jusqu'au col de la Grande Scheidegg ; la conque verte de la vallée s'approfondit au pied d'énormes montagnes : l'Eiger, le Mettenberg, aux immenses murailles nues et grises se dressent à pic au-dessus d'elle ; à gauche, l'arête sombre de la chaîne du Faulhorn, à droite, le large sommet neigeux du Wetterhorn se dessinent en relief sur le fond du ciel.

---

(1) Buffet à la gare.

— 38 —

Excursion secondaire. (*V. Carte n° 6.*)

Un sentier qu'indique un poteau entre la gare et l'hôtel mène au Lauberhorn (2.475 m). C'est une excursion très facile, puisque le sommet du Lauberhorn ne domine la Petite Scheidegg que de quelque 400 mètres. Du plateau culminant, la vue s'étend prodigieusement dans tous les sens. Elle embrasse la plus grande et la plus belle partie des Alpes Bernoïses, depuis le Wetterhorn jusqu'à la Blümlisalp : près du Wetterhorn, au fond du glacier supérieur de Grindelwald, le Berglistock (3.657 m.); derrière le Mettenberg, le Petit, le Grand Schreckhorn (4.080 m.) et le Grand Lauteraarhorn (4.040 m.); puis l'Eiger, le Mœnch et la Jungfrau ; à droite de la Jungfrau, une partie du Mittaghorn, le Grosshorn, le Breithorn, le Wetterhorn du Lauterbrunnen entre le glacier du Breithorn et celui du Tschingel, le Tschingel Grat et le Gspaltenhorn, et enfin, au bout de l'horizon, au Nord de la Blümlisalp, la pyramide du Niesen. Près de nous, au-dessus de la vallée de Lauterbrunnen, le plateau de Mürren que domine le Schiltorn ; plus au Nord, les Lobhœrner, le Sulegg Grat, l'Abendberg avec, à son pied, Wilderswyl et Unterseen et, sur le flanc du Güggisgrat, Saint-Beatenberg ; vers le Nord-Est, au-dessus de la vallée de Grindelwald, la chaine du Faulhorn ; et très loin, au delà de la Grande Scheidegg, les neiges des Sustenhœrner et du Titlis.

Excursion principale. (*V. Carte n° 6.*)

De la Petite Scheidegg (2.069 m.) **à Grindelwald** (1.045 m.), 2 h. 1/2 à pied. — Le chemin muletier que l'on suit traverse, au milieu de prairies et au pied de l'Eiger, le torrent de Wergisthal et quelques-uns de ses affluents. Les trois cimes de l'admirable Wetterhorn apparaissent plus distinctes ; bientôt on découvre le Schreckhorn dans une échancrure, entre le Mettenberg et l'Eiger. On traverse la Lütschine Noire et on arrive à Grindelwald. La vallée de Grindelwald (1.045 m.), comme celle de Lauterbrunnen (800 m.), pénètre au cœur même des Alpes Bernoises, jusqu'au pied de leurs sommets les plus élevés : en face surgissent l'Eiger (3.975 m.), le Mettenberg (3.107 m.), le Wetterhorn (3.708 m.) dont les murailles verticales de pierres grises ferment la vallée, dont les parois géantes se dressent à pic depuis le sol jusqu'au ciel. A gauche brille, éclatant de blancheur, entre le Wetterhorn et le Mettenberg, le glacier supérieur de Grindelwald. A droite, le glacier inférieur, entre le Mettenberg et l'Eiger, noirci par les éboulis, apparaît moins beau ; les sommets du Grand (4.050 m.) et du Petit Fiescherhorn, qu'une immense falaise de glace, le Fiescher Grat, unit à l'Eiger, le dominent en arrière ; la Lütschine en descend, creusant une gorge étroite où mène un chemin et sur laquelle est jeté un pont.

(V. Carte n° 7.)

De Grindelwald (1.045 m.) **au col de la Grande Scheidegg** (1.960 m.), 2 h. 1/2 à pied (Plus de voie ferrée entre Grindelwald et Meiringen. Le touriste qu'effraye une longue excursion à pied reviendra à Interlaken par la voie électrique de Grindelwald à Interlaken, prendra le bateau d'Interlaken à Brienz et le train de Brienz à Meiringen) (voir t. A II). — En suivant la Lütschine, on arrive en une heure, par un bon chemin, auprès du glacier Supérieur. C'est un chaos de neiges éblouissantes que dominent les colossales parois nues du Wetterhorn ; partout où le regard ne saisit qu'une surface inclinée, mais uniforme, la puissance de la lorgnette met en valeur des séracs aussi beaux que ceux du glacier du Rhône, des arêtes tranchantes, des blocs écroulés, des escarpements prodigieux, des crevasses larges comme des fleuves. Sur une terrasse étroite, très haut au flanc du Wetterhorn, un bâtiment se dresse d'où partent quatre cables de fer, le long desquels glissent, suspendus en l'air, deux wagonnets dont l'un descend alors que l'autre monte, transportant les touristes au-dessus du glacier.

Le chemin, jusque là fort bon, devient rude, caillouteux ; tantôt traversant des prairies, tantôt zigzagant sur des pentes rocheuses, il grimpe ardument au flanc de la montagne ; derrière soi, on découvre, entre le Mettenberg et le Wetterhorn, d'abord le Lauteraarhorn, puis le Grand et le Petit Schreckhorn. — Parfois, le cor des Alpes envoie aux montagnes sa ritournelle mélancolique, enflée, répercutée dans les gorges et diminuée lentement. Embusqué au bord de la route, le joueur de cor « mugit sa plainte modulée, un monotone ranz des vaches à trois notes, dans une énorme trompe de sapin, terminée par une boîte à répercussion qui lui donne une extraordinaire sonorité. » — Enfin, on aperçoit, au sommet du col, au pied du Wetterhorn dont l'immense paroi nue se dresse à pic, à une hauteur vertigineuse, un bâtiment rectangulaire, l'auberge de la Grande Scheidegg.

C'est un fort beau spectacle qu'on a du col sur Grindelwald et sa verte vallée : les prairies et les bois qui montent jusqu'à la Petite Scheidegg font un heureux contraste avec la ligne sombre du Faulhorn à droite, et à gauche avec les énormes parois du Wetterhorn, du Mettenberg et de l'admirable Eiger dont l'arête neigeuse paraît très amincie ; en face, très loin derrière la Petite Scheidegg, se dressent le Tschingel-Grat, le Gspaltenhorn, la Blümlisalp et, plus au Nord, le Schilthorn, les Lobhœrner et le Sülegg Grat.

De la Grande Scheidegg (1.960 m.), **à Rosenlaui** (1.330 m.). 2 heures. — A la descente du col, le chemin, moins pénible, traverse des sapinières, sinue au milieu de prairies qui dévalent vers le lit d'un torrent, le Schwarzwaldbach. On aperçoit bientôt à droite, dans une trouée entre le Wetterhorn et les parois escarpées du Wellhorn (3.196 m.), le glacier de Schwarzwald. On franchit le Gemsbach, affluent du Reichenbach, qu'on atteint bientôt et dont on suit les eaux rapides et écumantes. A gauche, une large et belle cascade glisse sur un pan de montagne boisé ; c'est la chute du Pfannibach, torrent que l'on traverse près de son confluent avec le Reichenbach ; à droite se découpent finement sur le ciel bleu les arêtes grises et roses des Engelhœrner. On entre ensuite dans une gorge assombrie par une forêt de sapins ; on franchit le Reichenbach ; puis apparaît dans un vallon sombre, adossé au flanc boisé d'une montagne sur la rive gauche du torrent assagi, l'hôtel de Rosenlaui. Depuis qu'a disparu la source d'eaux sulfureuses qui alimentait les bains de l'hôtel, ce n'est plus qu'un séjour d'été, assez triste. — Entre l'énorme Welhorn, à droite, au sommet évasé, semblable au cratère d'un volcan, aux roches grises et comme calcinées, et l'arête tourmentée des Engelhœrner à gauche, on aperçoit le rebord du glacier de Rosenlaui.

De Rosenlaui (1.330 m.) **à Meiringen** (598 m.), 3 heures. — Le chemin qui, jusqu'à Rosenlaui, est caillouteux et parfois pénible, devient fort bon, même pour la bicyclette, bien qu'à pénte un peu rude. La gorge s'élargit. On atteint la Gschwandenmad-Alp, d'où le glacier de Rosenlaui se montre tout entier, dominé à gauche par l'Engelhorn (2.783 m.) et par le Dossenhorn (3.140 m.), à droite par le Welhorn et par les sommets du Wetterhorn. Le Reichenbach franchi, de temps en temps, jetez un regard en arrière sur le glacier, sur le Welhorn, sur le Wetterhorn ; vous découvrirez bientôt, un peu à gauche du Wetterhorn, le Rosenhorn neigeux (3.690 m.) et même, à un tournant du chemin, très loin derrière le Wetterhorn, l'arête tranchante et blanche de l'Eiger. La route, s'enroulant parfois en lacets sur le flanc boisé de la montagne, descend rapidement au-dessus du torrent qui bondit, gronde et souvent forme de tumultueuses cascades, écumant sur d'énormes rochers éboulés. Après deux heures de marche, on arrive à l'auberge Zum-Zwirgi. Au-dessous de la terrasse de l'auberge, des bois et des prairies descendent la pente rapide de la montagne jusqu'à la vallée de l'Aar qui s'ouvre à nos pieds : Meiringen s'élève sur le bord de l'Aar, au pied de l'Hasleberg qui porte à son flanc, sur une verte terrasse, les hôtels du village de Hohfluh. La vue s'étend à droite très loin, en arrière de la gorge d'où sort le ruban vert de l'Aar, sur les neiges du Sustenhorn et à gauche sur la dépression du Brunig que domine le Rothhorn de Brienz. — Une centaine de mètres plus loin, on s'engage dans un sentier qui, descendant rapidement, tantôt traverse des bois de sapins, tantôt zigzague au milieu de prairies. Tout à coup apparaît la chute du Reichenbach : large comme un fleuve, en trois bonds, le torrent se précipite d'une hauteur de quelques centaines de mètres. On admire la « Chute d'en haut », la plus belle, d'une galerie où

passe le sentier et qui la domine ; on la contemple aussi de
l'étroite terrasse d'une cabane sur le toit de laquelle flotte le
brouillard léger de la poussière d'eau, que projette au loin le
torrent en s'écroulant sur les rochers. Le sentier nous ramène
plus bas à la route qui passe près de l'hôtel des Chutes, franchit sur le pont de Willigen l'Aar canalisé et pénètre dans
Meiringen. — Meiringin (598 m.) est la localité la plus importante
de la vallée supérieure de l'Aar (vallée Hasli). A gauche, de
l'Hasleberg tombe une belle cascade que forme l'Alpbach. Vers
le Sud, derrière les chutes du Reichenbach, la chaîne capri-
cieusement découpée des Engelhœrner domine la profonde
trouée creusée par le Reichenbach, tout au fond de laquelle
apparaissent le Welhorn, le glacier de Rosenlaui et le Rosenhorn ; vers le Sud-Est, l'arête neigeuse des Gelmerhœrner, à
gauche, et la pointe du Ritzlihorn, à droite, ferment la vallée
supérieure de l'Aar (1).

(V. Carte n° 8.)

De Meiringen (598 m.) **à Lucerne** (438 m.), 56 kil.
— De Meiringen à Lucerne, c'est, à bicyclette, une étape
facile, bien que la route du col du Brunig (1.004 m.), qui fait
communiquer la vallée de l'Aar et celle de la Reuss, soit assez
pénible. Elle rejoint, en passant à Hasen, celle qui vient de
Brienz. C'est une merveilleuse route en corniche, d'où la vue
est belle sur la vallée de Meiringen, avec sa rivière, l'Aar, aux
lignes droites, sur le lac de Brienz que domine le Rothhorn,
sur les Engelhœrner, la chaîne de Brienzenberg et tout un
horizon de montagnes et de glaciers qui se déplacent, s'écartent,
se découvrent aux détours du chemin. — Le col franchi (9 kil.),
la route, toujours très raide, fait un long circuit à travers une
admirable forêt de hêtres ; plus bas, elle s'assombrit, d'aspect
plus sauvage : à droite, un chaos d'arbres dévalant vers une
gorge où gronde un torrent écumant ; à gauche, une roche
surplombante hérissée d'arbres jaillis de ses fentes. Puis,

---

(1) La gorge de l'Aar, fort intéressante à visiter, est à peine à une
demi-heure de Meiringen (voir t. A II).

parmi des forêts de chênes et de hêtres, elle descend en lacets et arrive à Lungern (750 m., 14 kil.), dont les hôtels nombreux s'élèvent dans un vallon très vert, entouré de monts boisés. Ce bourg, qui était autrefois sur le lac de Lungern, en est éloigné de près d'un kilomètre, depuis que, par une tranchée creusée dans la montagne, on a fait écouler une partie des eaux de ce lac dans celui de Sarnen. — La vallée de Sarnen vers laquelle on descend rapidement, très verte elle aussi, semble être, comme celle de Lungern, fermée de tous côtés par des monts boisés. On laisse à gauche Giswil ; puis on longe le lac de Sarnen jusqu'à son extrémité, en passant à Sachseln (485 m., 28 kil.) ; on traverse la Melch-Aa et on arrive à Sarnen (470 m., 31 kil.) qu'on aperçoit de loin avec le clocher élevé de son église. Laissant à droite la Sarner-Aa, la route passe à Alpnach-Dorf, puis à Alpnach-Stad (466 m., 39 kil.), d'où part la ligne du Pilate. En face, de l'autre côté du lac d'Alpnach, s'étend une large plaine entre le Bürgenstock à gauche et le Stanserhorn à droite. — La route contourne, au bord même du lac, le Lopperberg, contrefort du Pilate. A mesure qu'on avance, le lac des Quatre-Cantons, masqué jusque-là par le promontoire du Lopperberg, se découvre peu à peu : à droite, Stanstad resserre ses maisons autour de sa tour carrée et crénelée, au bord du canal qui unit le lac d'Alpnach à celui des Quatre-Cantons et au pied du Bürgenstock ; à gauche, auprès d'une anse arrondie qu'une longue colline boisée sépare de la baie de Lucerne, Hergiswill éparpille ses villas au milieu de prairies que dominent les escarpements du Pilate ; en face, Küssnacht se découvre, tout au fond d'une baie profondément creusée au pied du Rigi qui se dresse à sa droite. — Pour se rendre à Lucerne, on peut prendre le bateau soit à Alpnach-Stad, soit à Stanstad, soit à Hergiswill. — La route qui suit le pied du Pilate et le bord même du lac est intéressante jusqu'à Hergiswill (47 kil.) ; mais elle est monotone après Hergiswill : elle s'enfonce dans les terres, passe à Horw (51 kil.) et arrive à Lucerne (438 m., 56 kil.).

Quatre ponts jetés sur la Reuss qui, limpide et verte, sort impétueusement du lac des Quatre-Cantons, unissent les deux parties de Lucerne. Le plus curieux est le pont couvert de la Chapelle (Kapellbrücke) : la charpente de son toit est décorée de peintures, récemment restaurées, qui représentent des épisodes des vies de Saint-Maurice et de Saint-Léger, patrons de la ville.

Du pont du Lac (Seebrücke), près de la gare, le panorama est fort beau : les toitures aiguës, les clochers de Lucerne, les tours, les remparts qui courent sur des collines boisées, en descendent et pénètrent dans la ville, se découpent nettement sur le fond bleu du ciel; près de la berge, les façades des hôtels et des palaces du quai National s'enlèvent sur les verts jardins d'une colline que sèment de taches blanches les villas étagées sur son flanc. Devant soi, le lac étale sa nappe verte dans l'encadrement des montagnes aux nobles lignes qui lui font comme une royale couronne : à gauche, la longue croupe du Rigi (1.800 m.), drapée de forêts et de prairies ; à droite de la gare, l'arête nue et découpée du Pilate (2.132 m.) ; en face, la haute muraille du Bürgenstock (1.134 m.) qui s'avance comme un bastion inaccessible au-dessus du lac et qui porte une terrasse évasée où sont semés de nombreux hôtels; en arrière, entre le Bürgenstock et le Pilate, le Stanserhorn, et derrière le Bürgenstock, le Buochserhorn ; plus en arrière encore, dominant la trouée de la vallée d'Engelberg, les Alpes neigeuses d'Unterwalden qui se terminent, au-dessus du lac et à gauche du Bürgenstock, par le Seelisbergkulm. A l'horizon, cinq ou six plans de montagnes s'étagent et fuient, noyés dans une brume vaporeuse. — Il est intéressant de suivre la rive droite de la Reuss jusqu'à l'hôtel des Balances et de là de parcourir la vieille ville qui a de belles maisons des XVme et XVIIme siècle, avec de curieuses peintures murales. — On visite aussi l'église Saint-Léger. — Du quai National, on va en cinq minutes au « Lion de Lucerne », monument élevé à la mémoire des gardes suisses massacrés en août 1792, en défendant les

Tuileries. Si vous désirez faire le tour du lac des Quatre-Cantons, consultez le tome A II (1).

De Lucerne à Berne (2), il y a près de 100 kil. : la route court dans de vertes vallées, bordées le plus souvent de monts peu élevés, verts jusqu'au sommet. Elle atteint la vallée de la Petite Emme qu'elle suit en passant par Wolhhausen, Entlebuch, Schüpfheim, puis remonte la vallée de l'Emme Blanche et gagne Escholzmatt (853 m.), sur les hauteurs qui séparent la vallée de la Petite Emme de celle de la Grande Emme (Emmenthal). Elle descend en suivant l'Ilfis, passe à Langnau, localité principale de l'Emmenthal, non loin du confluent de l'Ilfis et de la Grande Emme, traverse l'Ilfis, la Grande Emme, passe à Signau, à Worb, à Gümlingen et arrive à Berne (538 m., 98 kil.).

Pour visiter Berne, il faut d'abord de la gare gagner la Kleine Schanze (Petite redoute), plate-forme d'un ancien bastion qui domine un jardin, où s'élève le monument de l'Union Postale. De la Kleine Schanze, la vue est fort belle sur l'Aar qui roule à pleins bords ses eaux vertes dans un lit creusé plus de cent pieds en contre-bas, sur le Gurten, au sommet duquel se dresse un hôtel, et sur les Alpes Bernoises. A gauche de la croupe du Gurten se dresse une énorme masse couverte de neige : la Blümlisalp, dont le plus haut sommet, la Weisse Frau, a 3.661 mètres. Plus à gauche surgissent trois très hautes montagnes : la Jungfrau (4.166 m.), le Mœnch (4.105 m.) et l'Eiger (3.974 m.). Entre la Blümlisalp et la Jungfrau court une chaîne d'où émergent des monts moins élevés : le Tschingelhorn (3.579 m.) et le Gspaltenhorn (3.442 m.), puis, en allant de droite à gauche, le large sommet

---

(1) Les touristes qui, pressés par le temps, veulent regagner Paris ou le Nord sans faire par Genève et par Lyon un assez grand détour, peuvent facilement, de Lucerne ou de Berne, aller à Bâle, prendre le Paris-Bâle ou le Calais-Bâle.

(2) Les touristes qui désirent aller à bicyclette de Lucerne à Berne et de Berne à Lausanne, très agréable excursion, consulteront le tome A II.

du Breithorn (3.779 m.), le Grosshorn (3.705 m.), le Mittag-horn (3.895 m.), l'Ebnefluh et, tout à côté de la Jungfrau, le Gletscherhorn (3.984 m.). A gauche de l'Eiger, on distingue le Grand (4.049 m.) et le Petit Fiescherhorn (3.905 m.), et trois montagnes très élevées : le Finsteraarhorn (4.275 m.), le Schreckhorn (4.080 m.), et Le Wetterhorn (3.703 m.).

Pour aller de la Kleine Schanze à la cathédrale, on passe devant les Palais Fédéraux, écrasés par un dôme disproportionné et un peu lourd. De la terrasse de la cathédrale (Münster-Plattform), sur un escarpement qui se dresse à 35 mètres au-dessus de l'Aar et où s'élève la statue de Berthold, duc de Zœhringen, le fondateur de Berne (1191), le spectacle est aussi beau que de la Kleine Schanze; on aperçoit, en outre, à droite de la Blümlisalp, une très belle montagne couverte de neige : le Doldenhorn (3.647 m.). — Par un ascenseur, on descend de la Münster-Plattform au bord de l'Aar et, en suivant le fleuve, le long de fabriques de drap et de chocolat, on gagne le pont de la Nydeck et, après l'avoir traversé, la fosse aux Ours. Des hauteurs qui dominent la fosse aux Ours et que couvrent des villas, le regard embrasse Berne, pittoresquement dressée sur une presqu'île qui s'élève en terrasse au-dessus de l'Aar et que le fleuve dessine de sa courbe et de ses méandres et étreint de ses eaux rapides. — Le pont de la Nydeck est à l'extrémité de l'artère principale de Berne qui comprend plusieurs rues, passe sous la tour de l'Horloge et sous celle de Käfig, et s'étend jusqu'à la gare. Ces rues ont gardé leur physionomie d'autrefois : les maisons aux volets verts, aux fenêtres fleuries, aux baies encadrées de peintures anciennes, reposent sur des arcades trapues dont les piliers énormes sont comme arcboutés; au fond des galeries à arcades, profondes, écrasées, s'ouvrent, dans une demi-obscurité et une fraîcheur de cave, les boutiques du rez-de-chaussée. — A droite de la première rue, sur une petite place en retrait, se dresse l'Hôtel de ville, du xvme siècle, restauré au xixme, avec un beau perron et, dans le haut, les armoiries des districts du canton. — De fort belles fontaines fleuries, la plupart du xvɪᵐᵉ siècle, nouvellement· restaurées et peintes de couleurs peut-être un peu criardes, ornent les rues de l'artère principale : ce sont les fontaines de la Justice, de Samson, de Zœhringen ; cette dernière sert de piédestal à un ours armé de pied èn cap, et dont le casque est en forme de muselière. Puis, entre la tour de l'Horloge et la tour de Käfig, s'élèvent les fontaines du Cordier, de l'Archer et de l'Arbalétrier. Il y a d'autres fontaines curieuses : celle de l'Ogre dans la rue de la Halle au Blé ; plus loin, près du Palais Fédéral, celle des Ours qui, au faîte d'une colonne, se disputent une botte de carottes ; et enfin, dans la rue principale, après la tour de Käfig, la très belle fontaine du Joueur de Cornemuse.

Il est assez intéressant de se trouver, à midi, devant la tour de l'Horloge, la plus ancienne des portes de la ville, qui élève ses murailles couvertes de peintures modernes au-dessus de galeries à arcades. Sur une des murailles de la tour, dans le médaillon de pierre de l'horloge, sont sculptés des personnages et des animaux : un vieillard à barbe blanche, le Temps, tenant d'une main un sceptre, de l'autre un sablier ; au-dessus de lui, un arlequin ; à sa gauche, un coq ; à sa droite, un ours assis ; à ses pieds, des cavaliers et des ours. Un peu avant midi, les quatre quarts sont sonnés par l'arlequin qui met en branle lés battants des deux cloches ; les cavaliers et les animaux, aux pieds du Temps, se mettent en mouvement et défilent devant lui ; puis le coq chante ; à midi, le Temps renverse son sablier et il agite son sceptre douze fois, pendant que l'ours tourne douze fois la tête et que, tout en haut de la tour, un forgeron frappe une grosse cloche douze fois de son marteau.

Au bout de la place de la Halle au Blé (Kornhausplatz), le pont de pierre de Kornhaus, jeté par dessus l'Aar, mène aux jardins et à la terrasse d'un café-restaurant, le Schœnzli. Des galeries couvertes du Schœnzli, la vue est admirable, plus belle peut-être que de la Kleine Schanze et de la terrasse de la cathédrale.

Le soir, traversez le pont de Kirchenfeld (un peu en aval du

Palais Fédéral), revenez sur vos pas, contournez l'îlot de vieilles maisons dont les assises sont au bord de l'Aar et dont les étages les plus élevés et les toits superposés émergent au-dessus de la rue, avec laquelle chacune d'elles communique par un pont, suivez la terrasse du Bellevue-Palace, celle du Palais Fédéral (Bundes Terrasse) jusqu'à la Kleine Schanze, vous verrez s'allumer et scintiller des lumières à vos pieds, au bord de l'Aar, devant vous, sur les flancs et au sommet du Gurten, à votre gauche sur les coteaux, semés des villas du nouveau Berne.

De Berne à Lausanne (98 kil. par la voie ferrée) **et de Lausanne à Genève** (par bateau). — Si vous avez le temps de faire à bicyclette la très agréable excursion de Berne à Lausanne, de vous arrêter à Fribourg si pittoresque, célèbre par les orgues de sa cathédrale, à Romont, ceinte de ses remparts anciens, à Chexbres d'où la vue sur le lac de Genève et sur les montagnes qui l'entourent est admirable ; si vous désirez aller de Chexbres à Lausanne et de Lausanne au fond du lac en passant par Ouchy, Vevey, Clarens et Montreux, consultez le tome A II.

Bordeaux. — Imp. A. Saugnac & E. Drouillard, 3, place de la Victoire.

CARTE N° 1

De Bellegarde à Bonneville

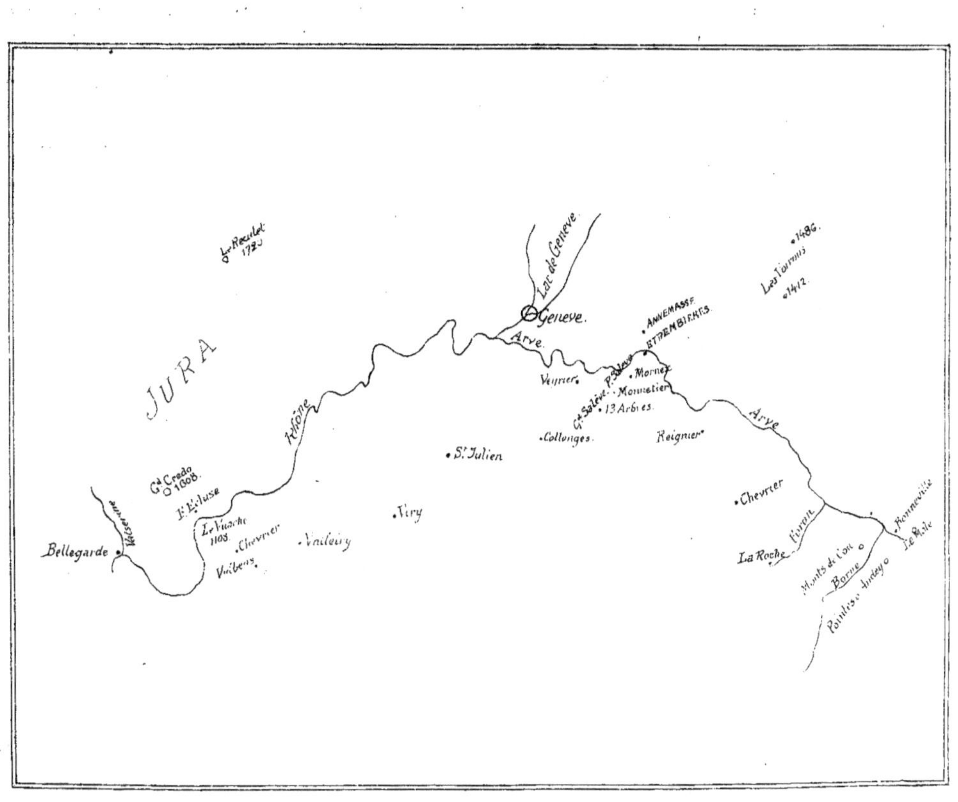

JURA
Le Reculet
1720
Lac de Geneve
1486
Les Voirons
1412
Geneve
ANNEMASSE
St TREMBIERES
Arve
Veyrier
Mornex
Rhône
G? Salève
Monnetier
13 Arbres
Collonges
Reignier
Arve
St Julien
Chevrier
G? Credo
1608
La Roche
Usses
L'Écluse
Le Vuache
1108
Bellegarde
Chevrier
Vulbens
Vailecy
Tiry
Monts de Sion
Bonneville
Le Pile
Borne
Pointes d'Andey

Carte Itinéraire

de

Bellegarde à Bonneville

CARTE N° 2

De Bonneville aux Houches

Carte Itinéraire

de

Bonneville aux Houches

et

Panorama de Sallanches

———

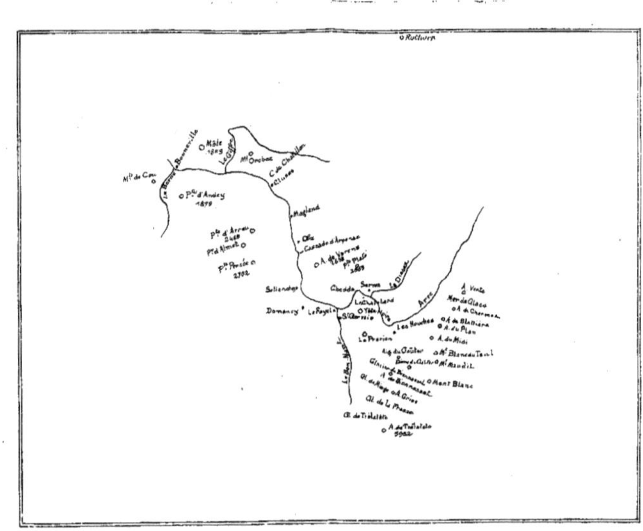

CARTE N° 3

Des Houches à Argentière

Carte Itinéraire
des Houches à Argentières
et Panoramas
de Montenvers, de la Flégère,
du Brévent.

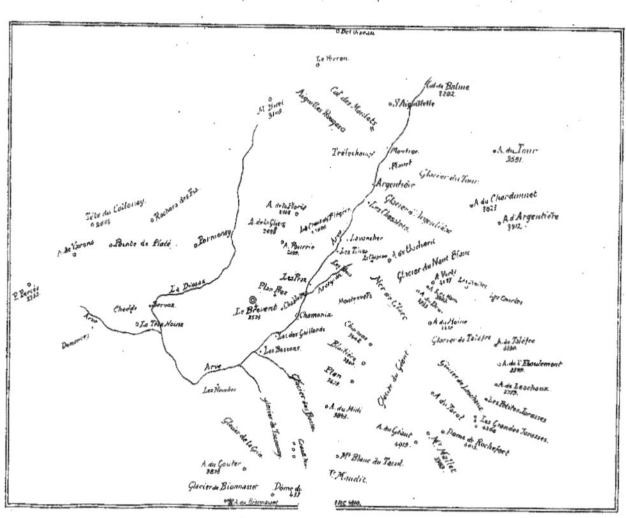

CARTE Nº 4

D'Argentière à Saint-Maurice

Carte Itinéraire.
d'Argentière à St. Maurice
et
Panorama du Col de la Gueula

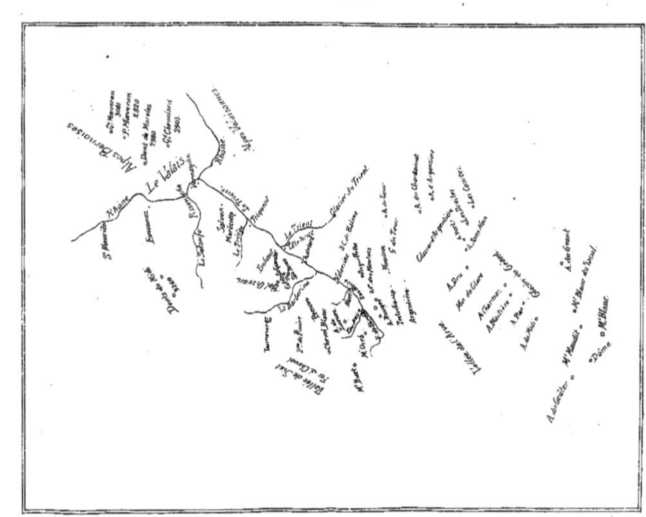

CARTE N° 5

De Saint-Maurice à Zweisimmen

Carte Itinéraire
de
St. Maurice à Zweisimmen

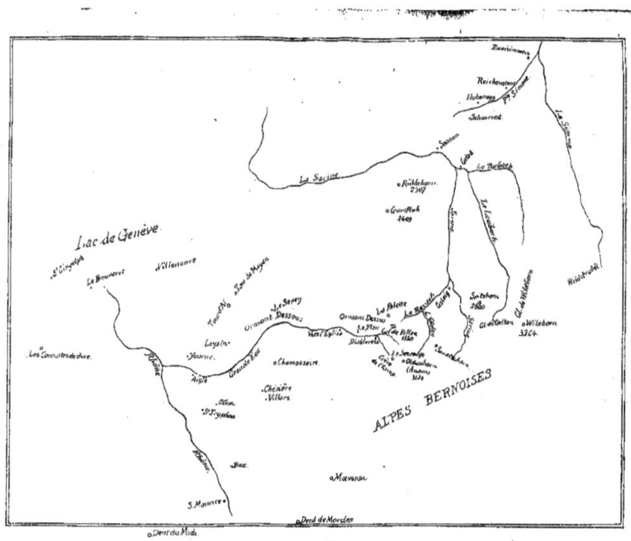

Zweisimmen
Reichenstein
Hubenau
Schönreed
Pp. Simme
La Simme
La Sarine
Saanen
Gsteig
Lac Berbotte
Richlehorn 2307
Gumfluh 2409
La Lombach
Wildstrubel
Lac de Genève
St. Gingolph
Le Bouveret
Villeneuve
Tour de Mayen
Le Sepey
Spitzhorn 2880
Gr. de Gelten
Wildhorn 3264
Ormont Dessous
La Palette
Le Barron
Gsteig
Ormont Dessus
Ormont Dessus
Leysin
Yvorne
Vent Eglise
Diablerets
Le Pillon
1560
Les Cornettes de chaux
Le Sanatyn
Rhône
Aigle
Grande Eau
Chamossaire
Col du Pillon
Oldenhorn
Sanetsch
Ollon
St. Tryphon
Chésière
Villars
ALPES BERNOISES
Bex
Mavann
S. Maurice
Dent de Morcles
Dent du Midi
Rhône

CARTE N° 6

De Zweisimmen à Grindelwald

Carte Itinéraire
de
Zweisimmen à Grindelwald
et
Panorama du Lauberhorn

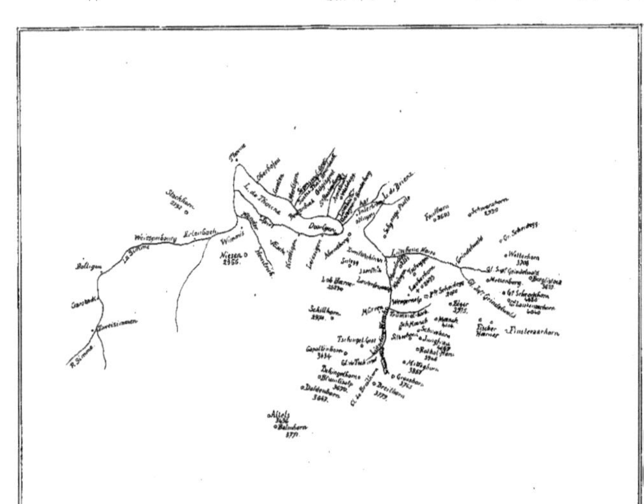

CARTE Nº 7

——

De Grindelwald à Meiringen

Carte Itinéraire
de
Grindelwald à Meiringen

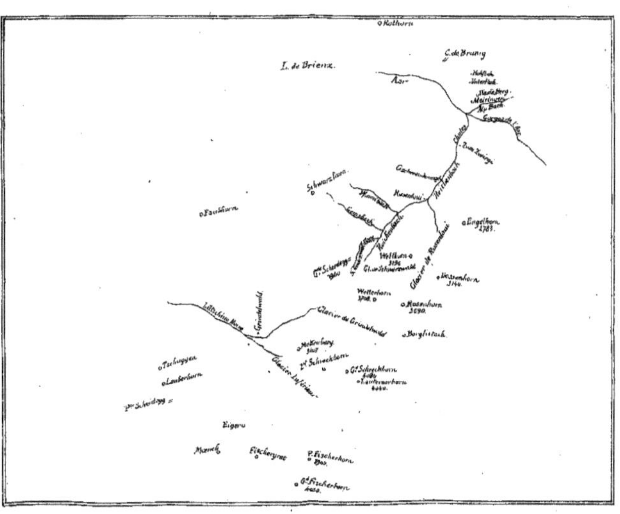

CARTE Nº 8

De Meiringen à Lucerne

Carte Itinéraire
de
Meiringen à Lucerne

Reuss
Küssnacht
Lucerne
Meggen
Greppen
Rigi 1800
Weggis
Horw
Lac des 4 Cantons
Werlenstein
Witznau
Herytswyl
Brünnstück 1890
Pilate 2131
Loppen
Stanstad
Alpnach Stad
Alpnach
Kerns
o Buochserhorn
Alpnach
o Stanserhorn
Sarnen
L. de Sarnen
Sachseln
Giswyl
L. de Lungern
o Rothorn
Lungern
Brienz
H. de Brünig
L. de Brienz
Brienzenberg
Meiringen

Et pourtant, M. le Président du T. C. F. m'avait nanti de cette chaleureuse lettre de recommandation :

« M. Becquet nous fait part du projet, *très intéressant à nos yeux*, qu'il a formé de réunir et de publier sous forme de Guides de tourisme destinés à remplacer *les Bædeker*, les notes recueillies par lui au cours de ses excursions et de ses voyages. Deux de ces volumes sont prêts à mettre sous presse. Un troisième est en préparation, lequel est destiné à guider les touristes à Chamonix, à Zermatt, au Gœrnergrat, sur le lac Majeur, dans la vallée d'Aoste, dans la Tarentaise. Ce travail, qui facilitera le tourisme dans la région alpine française et italienne, *intéresse donc les deux pays* au même degré.

« M. Becquet a besoin, avant de mettre la dernière main à son travail, de se rendre dans les contrées situées en Suisse et en Italie, dont il traite dans son ouvrage. Pour ce qui concerne l'Italie, le programme de M. Becquet serait de pénétrer sur le sol italien via Modane, pour en sortir par le Petit Saint-Bernard..... C'est cette autorisation que j'ai l'honneur de solliciter de votre haute bienveillance..... afin de permettre à notre camarade de profiter de la belle saison pour mener à bien l'œuvre intéressante qu'il a entreprise. »

Pour sortir d'Italie par le Petit Saint-Bernard, il eût suffi d'un mot du Consul de France au Préfet de police de Turin. Mais on ne pénètre point dans le sanctuaire de M. le Consul de France, ni même dans les bureaux de ses employés. Au reste, la lettre de M. le Président du T. C. F. ne m'ouvre pas plus la porte du Préfet de police que celle du Consul de France. Je me heurte à un employé qui sollicite quatre lires pour me permettre, non pas de revenir en France par le lac Majeur, la vallée d'Aoste et le Petit Saint-Bernard, mais d'y rentrer via Modane, par où j'en venais.

Voilà pourquoi il m'a fallu renoncer, pour cette année du moins, à guider le touriste à travers les contrées, les plus admirables peut-être, de la France, de la Suisse et de l'Italie.

www.ingramcontent.com/pod-product-compliance
Lightning Source LLC
LaVergne TN
LVHW012220170726
843503LV00005B/2176